아이야
너를 노래하렴

어린이 글·노래
에세이

아이야
너를 노래하렴

글·곡 이종일

다락방

들어가며

산길을 걷다 한 그루의 나무를 쳐다봅니다.
그런데 꽃이 하나만 피어있었어요.
그 많던 다른 꽃들 다 지고 나서야 천천히 피어나는 작은 꽃을 봅니다.
'나도 피어났다구요'
'나도 열심을 다해 꽃을 피웠어요'
속삭이는 작은 꽃 하나에 눈길과 마음이 자꾸 가길래 한참을 멈춰 서 있었습니다.
'그렇구나 축하해', '네가 꽃을 피워줘서 더 고마워', '그런 네가 참 소중해'
진심을 다해 축하해 주었습니다.

이미 환하게 피어나는 꽃들이 서로 어깨 부대끼며 노래할 때도
꿀벌이랑 나비들이 꿀을 찾아 입맞추는 겹겹의 그늘 아래에서도
절대 포기하지 않은 꽃망울 하나.
후두둑 굵은 빗소리에 청설모들 화들짝 놀라 바쁜 길 떠나갈 때에야
겨우 겨우 힘을 내어 그제서야 얼굴 내미는 늦은 꽃
부전나비 한 쌍이 반갑게 축하비행을 합니다.

누구나 피어나는 때가 다릅니다.
느리고 천천히 피어나는 꽃일지라도 모두 다 소중한 꽃입니다.
아이도 그렇습니다.
이미 피어난 어른들은 아이였을 때를 까마득히 잊어버렸죠.
늦게 피어나는 아이를 보고 조바심으로 안절부절 합니다.
오늘도 늦게 피어나는 아이들을 위해 기도합니다.

추천사 1

어린이를 행복하게 하는 노래 이야기

이주영
(어린이문화연대 상임대표)

　우리나라 어린이운동의 아버지 방정환은 '이야기, 노래, 그림' 예술이 어린이 나라를 아름답게 가꾸어 줄 수 있다고 했고, 이를 위해 동화와 동요 창작과 보급을 위해 온 삶을 바치셨습니다. 유능한 작곡자들을 찾아다니면서 당시 일제 침략으로, 또 어른들한테 억압받는 2중 억압에 시달리며 살고 있는 우리 어린이들이 부를 노래를 만들어 주자고 했습니다.

　방정환 선생은 전국 소년회를 다니며 이야기를 들려주고, 어린이들한테 글을 써서 잡지 「어린이」에 투고하라고 하시어 어린이들이 투고한 시에 작곡가들이 곡을 붙이도록 했습니다. 그렇게 해서 나온 어린이 가사를 쓰고 어른들이 곡을 붙여서 내놓은 노래들이 많았는데, '봄 편지'(서덕출), '고향의 봄'(이원수), '오빠 생각'(최순애), '엄마 앞에서'(윤석중) 같은 노래들입니다.

  이 시대의 어린이운동가 이종일은 어린이들이 자기 삶을 솔직하고 참되게 표현하도록 이끌어 준 이오덕 정신과 이렇게 나온 어린이 시를 노래로 만들어 주는 고승하와 아름나라가 걷는 길을 더욱 알차게 이어가고 있습니다. 계승을 넘어 새로운 어린이 노래 세상, 아름다운 어린이 나라를 만들어 왔습니다. 이 책이 그 길을 잘 보여 주고 있습니다.

  이종일 선생은 이 길을 30년 동안 힘들고 외로운 고개를 수없이 넘으면서도 어린이 마음을 잃지 않고 어린이들과 함께 신나고 즐겁게 달려왔습니다. 달려온 모습이 이 책에 실린 노래 한 곡 한 곡에서 훤하게 보입니다.

방에서 공부하는데 힘들어서 침대에 누웠다
그때 엄마가 들어오셨다
"공부 좀 해라 공부 좀 해라"
다시 공부를 하는데 힘들어서 또 침대에 누웠다
그때 엄마가 들어왔다
"아직도 누워있네. 빨리 공부해"

  초등학교 1학년 어린이가 쓴 시입니다. 방정환이 어린이해방운동을 하던 100년 전과는 또 다른 억압이 무엇인지를 잘 보여주는 가사입니다. 이렇듯 자기 생활 모습과 그에 대한 자기 생각을 솔직하게 나타내는 글을 귀하게 알아보고, 이를 풀어주는 마음을 가득 담아 곡을 만들어 함께 부르면서 풀어나가는 길, 그 길이 바로 방정환과 이오덕이 꿈

꾸던 어린이해방운동의 길입니다.

저자는 노래마다 그 노래가 어떤 상황에서 나온 것인지, 그 노랫말을 왜 소중하게 여기는지, 어떤 마음으로 곡을 붙여서 부르는지를 써 놓은 글을 읽다보면 고개가 끄덕여지기도 하고, 풋! 웃음이 터지기도 하고, 마음이 짠해지기도 합니다.

책 마무리에서 글쓰기에 대한 오해를 풀어주는 글, 삶을 가꾸는 글쓰기에 대한 글도 어린이와 함께 사는 어른들이라면 꼭 한번 읽어보기를 권유합니다. 짧으면서도 이오덕 글쓰기교육론을 잘 소화시켜 자신의 것으로 만들어낸 사례라고 할 수 있기 때문입니다.

그동안 여러 가지로 어려운 출판시장 사정으로 책이 나오지 못해서 안타까웠는데, 출판을 기쁜 마음으로 축하드립니다. 출판사에서도 원고 성격에 잘 맞도록 예쁘게 정성을 다해 만들어 주셨네요. 노래마다 큐알코드를 붙여서 독자들이 직접 들을 수 있게 했고요.

늦어서 아쉽기는 하지만 한편 이것도 이 책의 운명이 아닌가 싶습니다. 한국창작동요 100주년에 맞춰서 나왔으니 그 의미가 예사롭지 않기 때문입니다. 어린이 노래운동 100년 역사에서 이 시대 어린이 노래운동의 새로운 길을 보여주는 소중한 책이라는 생각까지 듭니다.

끝으로 한국창작동요 100주년을 맞이하여 가고 있는 이종일과 고승하, 백창우, 김성범, 박우진을 비롯해 어린이가 쓴 글에 곡을 붙여서 어린이 노래 세상을 만드는 일에 평생을 다 바치고 있는 우리 시대 어린이해방운동가들에게도 박수를 보냅니다.

추천사 2

신나는 놀이 세상

윤태규
(어린이책 작가, 전 동평초 교장)

　이종일 선생님은 아이들과 놀기를 참 좋아하는 어른입니다. 아이들과 놀아주는 어른이 아니라 그냥 재미있게 노는 어른입니다. 아이들을 좋아하고, 아이들과 놀아주고, 눈높이를 맞추려고 살짝 무릎을 접는 어른은 더러 봤지만 아주 아이가 되어버린 어른은 처음 봤습니다.

　이종일 선생님은 아이들과 재잘재잘 종알종알 조곤조곤 이야기 나누기를 좋아합니다. 아이들이 무슨 말을 해도 잘 듣습니다. 그냥 듣는 게 아니고 맞장구를 쳐서 말하는 아이를 아주 신나게 합니다. 말하는 아이가 '그래가지고 말이야, 그래가지고 말이야~' 이렇게 더듬거리거나, '있잖아~' 같은 필요 없는 말로 이야기를 시작해도 그냥 진득하게 듣습니다. '그런 군더더기는 빼고 말하세요.'라고 가르치려 들지 않습니다. 그 군더더기 같은 말 뒤에 귀하디귀한 말이 이어서 나온다는 것을 알기 때문이지요.

그러고는 아이가 했던 말을 그대로 글자로 옮겨보게 하는 놀이를 합니다. 글쓰기 놀이지요. 글쓰기를 싫어하는 아이가 있으면 이런저런 방법으로 꼬드겨서 재미나는 놀이로 만들고 맙니다. 이 놀이에서 가르치는 선생님이나 배우는 아이는 없습니다. 글자가 틀리다느니, 글자가 비뚤하다느니, 사투리를 썼다느니 하면서 어른 노릇을 하지 않습니다. 글 속에 담긴 아이의 마음이 더 소중하다는 것을 알기 때문이지요.

지금 글쓰기 놀이를 하고 있는 자신들의 글은 세상에서 딱 하나 밖에 없는 소중한 글이기 때문에, 어느 누구도 심사를 하거나 평가를 할 수 없다고 외치게 합니다. 아이들은 어깨가 으쓱 올라갑니다. 싫다던 아이들도 글쓰기 놀이에 푹 빠집니다. 세상에서 하나 밖에 없는 귀중하고도 소중한 글을 쓰고 있기 때문이지요.

그렇게 태어난 글은 드디어 노래로 옮겨갑니다. 이 세상에 하나 밖에 없는, 누구도 평가하거나 심사를 할 수 없는 소중한 글이 다시 세상에서 하나 밖에 없는 노래로 태어납니다. 보물 같은 노래입니다. 교과서에도 없는 '내 노래'입니다.

"얘들아, 내 노래 내가 부르자!"

놀고 또 놀면서 나온 노래를 선생님은 아이들과 함께 부르면서 또 놉니다. '내 노래'를 '내가' 부르는 아이들은 신나기만 합니다. 함께 노는 이종일 선생님도 신나기만 합니다.

이 책을 읽는 사람들도 신나기는 마찬가지일 테지요.

추천사 3

동요 운동은 확장되어야 한다.

임성무
(환경과 생명을 지키는 전국교사모임 회장, 대구 화동초 교사)

이종일 선생은 노래와 놀이를 하나로 여기고 활동하니 딱히 하나의 정체성으로 말할 수 없다. 여기에다 장르를 어린이로 옮겨오면 더 복잡해진다. 동요 작곡가, 전래놀이 전문가, 환경교육 강사, 근래엔 새활용놀이 연구실천가로, 어린이들의 노래 놀이로 더 유명하다.

지금까지의 동요 대부분이 어른들의 동시에 어른들이 곡을 붙였다면, 『아이야 너의 노래를 노래하렴』은 어린이들의 말이 글이 되고, 그 글이 노래가 되는 신비한 동요 운동이다. 오래전 이오덕 선생은 '참삶을 가꾸는 글쓰기' 운동을 시작했다. 글짓기를 넘어 글쓰기를 해야 한다고 했다. 이종일의 동요 운동은 글쓰기에 더해 누구보다 어린이 당사자들의 참삶을 소중하게 여기고 참삶을 가꾸는 교육 운동이자 어린이 운동이다.

　이종일 선생을 어린이들 곁으로 끌어들인 사람 중에 나도 포함되어 있을 것이다. 1991년 대구교육대학교에서 어린이들이 구경꾼이 아니라 주체로 참여하는 어린이날 큰잔치 '야야 모두 나와라' 잔치를 기획하면서 내가 아이디어를 내고, 사람을 조직하고 돈을 모아오면 이종일은 알아서 척척 구현해 냈다. 도무지 못 하는 게 없는 그가 없었다면 이런 행사는 불가능했을 것이다. 본래 그런 사람이었겠지만 이후부터 이종일 선생은 어린이를 위한, 어린이에 의한 일에서 빠져나오지 못했다.

　그는 어느 날 '이종일과 아름나라'라는 어린이노래단을 창단해서 활동했다. 다듬지 않은 목소리로 아주 자연스럽게 야생으로 노래를 부르는 아이들의 노래는 지금까지 '고운 목소리'로만 부르게 하던 관행에 충격을 주었다. 아이들 누구라도 노래를 좋아하게 만드는 새로운 어린이노래운동이었다.

　그는 어느 때부터는 아이들에게 말을 걸면서 아이들이 말하고 글을 쓰게 하더니 마치 도깨비 방망이처럼 뚝딱 '아이들 말글 노래'를 작곡해서 선물했다. 아이들은 세상에 하나밖에 없는 자기 노래를 갖게 되었다. 이 이상의 선물이 또 있을까?

　이 책 처음에 나오는 노래 '김치'는 우포생태학습관에서 전교조가 숲속학교를 열 때, 버드나무 아래에서 아들 지윤이와 이야기를 주고받

더니 같이 글을 쓰고 그 자리에서 만들어 부른 노래다. 서른이 넘은 지윤이는 지금도 이 노래를 좋아하고 자랑한다. 이종일 선생이 만들어 준 노래를 가진 모든 아이가 그럴 것이다. 자기 말글로 만들어진 노래가 널리 불리지 않아도 노래의 주인들은 평생 그 노래를 간직할 것이다. 하지만 이종일 선생의 아이들 노래는 널리 불려야 한다.

대구에는 윤석중 선생과 함께 우리나라 초창기 동요를 만든 윤복진 선생이 있었다. 이종일 선생은 1991년 북한에서 돌아가신 윤복진 선생의 동요 운동을 이어가고 있다고 할 수 있다. 어느 시대나 처음 시작한 사람은 힘들다. 하지만 시대가 달라졌으니 이제 이종일 선생의 동요가 널리 불리도록 힘을 보태야 한다.

8년 전 이종일 선생과 나는 마산의 고승하 선생이 만든 동요부르는 어른모임 '철부지'를 본받아 대구 '동요부르는 어른모임'을 만들었다. 동요를 되살리려면 동요를 부르는 어른들이 많아져야 한다. 마을마다 동요를 부르는 어른 모임이 생겨나고, 동요를 가르치는 교사들이 앞장서서 이종일과 함께 동요를 만들고 부르는 운동이 더 크게 일어나길 바란다. 나도 작은 역할을 하고 싶다.

나는 이종일 선생을 알고 있는 게 축복이다.

이제 이종일 선생의 『아이야 너의 노래를 노래하렴』이라는 동요 운동에 너도나도 동참하기를 기대한다.

차 례

추천사 • 6

김치 • 16
그걸 깜빡했다니 • 20
잡초 뽑는데 • 22
무언의 압박 • 25
필리핀 엄마 울엄마 • 28
쓴맛 사이다 • 32
달팽이야 그리고 아름나라 • 35
ㄷㄱ이의 꿈 • 39
정체를 밝혀라 • 42
위선자 • 45
달팽이로 살아보고 싶어
한 번만이라도 • 49
빛나는 앞날을 위해(졸업의 노래) • 52
보고 싶은 선생님 • 57
가뭄 • 61

아빠가 아픈 어린이날 • 65
결혼기념일 • 72
내 이름은 보물 • 74
봄 같은 친구 • 78
엄마가 왔다 • 82
태권도 다리째기 • 87
폭력이라면 딱 질색이지만 • 91
내게는 아직 한쪽다리가 있다 • 94
장애인의 호떡 • 97
아빠 빨리 나오세요 • 100
침대에 누우면 • 104
아빠의 슬픈 일기 • 106
대역죄인 • 109
흙 • 112

놀고 싶어 • 117

얼마나 죽어야 끝날까 • 121

더 울고 싶었다 • 126

일기가 싫은 사람 손들어 보세요 • 130

이런 기분은 뭐지? • 134

달개비꽃 • 138

중독이 되어버렸어 • 141

송아지 • 145

산 너머 하늘하고 • 148

쓰고 나니 글이 되었다 • 151

착한 시간을 기다려(나쁜시계) • 155

할머니 댁에 가면 • 159

짜장면과 엄마 • 163

어머니의 폭발 • 166

자유 • 171

잠이 온다 • 175

나는 밥이 될 거야 • 179

나무노래 • 184

돌아가고 싶어 • 189

부록

글쓰기의 오해 • 193

어른이 동요를 부르는 까닭 • 202

한국어 품사와 청소년 진로 • 206

꿈 노래를 만들어 보아요 • 210

뮤지컬 만드는 과정 • 214

악보 모음 • 217

사진 모음 • 230

마치며 • 236

김치

대구 본리초 2학년 임지윤

나는 김치가 너무 싫은데
못생긴데다가 맵기 때문에

그래도 엄마는 몸에 좋다고
자꾸 먹으라고 따진다

나는 먹기 싫다고 했다가
결국엔 엉덩이를 얻어터졌다

눈물을 흘리며 먹었다
줄줄줄 흘리며 먹었다

다음부터 김치를 먹으라 하면
산골짝으로 도망 갈 꺼다

이 노랫말은 월곡초등학교 임성무 선생님 아들인
임지윤(당시 본리초 2학년) 학생이 하는 말을 그대로 적은 겁니다.

2000년 8월 23일 창녕 우포늪에서 열린 환경캠프에 강의하러 갔는데 김치를 싫어한다는 지윤이가 보였습니다. 작곡에 도움을 얻으려고 슬슬 이야기를 걸었습니다.

"지윤아, 이야기해 줄래?
지윤이는 왜 김치를 안 먹니?"
"나는 김치가 너무 싫어요."
"왜?"
"왜냐면 너무 못생겼어요. 그리고 또 너무 매워요."
"겨우 그것 때문에 먹기 싫은 거야?"
"아뇨. 아침에 엄마가 몸에 좋다며 억지로 먹으라고 하시잖아요."
"그래서?"
"그래도 나는 먹기 싫다고 계속 안 먹었어요."
지윤이의 입에서 술술 나왔습니다.
"그래서 결국에는 엉덩이를 얻어터졌어요. 눈물을 줄줄 흘리며 억지로 먹었어요."
"네가 그렇게 먹는데 아빠는 뭐라고 안 하시든?"

"옆에서 한소리하시다가 아빠도 엄마에게 꾸중을 들었어요."
"하하 그랬구나. 이거 노래로 만들어 보자."

스무 살이 된 임 선생님 딸 빈이가 태어난 해였으니 참으로 오래된 이야기입니다. 여기서 '따진다'는 표현은 어린이가 어른에게 할 수 있는 말은 아닙니다.

하지만, 그대로 살려두기로 했습니다. 여러 지역에서 쓰이는 사투리나 어른들 시각에서 이치에 맞는 말이 아니어도 그냥 둬야 노래가 살아나기 때문입니다.

어른들은 아이의 잘못된 말을 되도록 고쳐 주려고 합니다. 하지만, 참된 말글은 평소에 쓰는 말을 더하거나 빼지 않고 그대로 쓰게 하는 것이 좋다고 생각합니다. 어른들이 쓰는 말로 억지로 고쳐 쓰려니 당연히 꾸미게 됩니다. 어린이들에게 삶을 바로 보게 하지 못하고 어른들 글을 흉내 내고 재주만 가르치는 글이 되어서는 안 됩니다.

'산골짝으로 도망을 간다? 고모 집으로 간다? 이모 집으로 간다?'라고 하는 말을 줄여서 '산골짝으로 간다.'라고 표현하기로 둘이서 생각을 모았습니다. 어쨌든 김치만 안 먹는 곳이 있다면 그곳이 어디든 '가고 싶다.'라는 표현만 하면 되니까요.

이렇게 또 하나의 어린이 말글 노래가 탄생하였습니다. 어린이 말글 노래 탄생 배경은 여러 가지가 있습니다. 아름다운 일기 글을 노래로 만들기도 하고, 지윤이처럼 이야기를 나누다가 만들어지기도 합니다.

또한 생활 글을 통해서나 어린이들 시나 어른들 동시를 통해서 탄생하기도 합니다. 노래를 만들었으니 재미있는 율동도 같이 만들어야겠지요.

김치 임지윤

아이야 너를 노래하렴

그걸 깜빡했다니

김경란 글, 고승하 작곡

한번 눈을 감아 봐

눈 꼭 감고 스물쯤 세 봐

한번 귀를 막아 봐

귀 꼭 막고 스물쯤 세 봐

한번 입도 다물어 봐

입 꼭 닫고 열 마디쯤 참아 봐

보고 싶니? 듣고 싶니? 말하고 싶니?

나는 정말 축복받은 아이야

이 아름다운 세상을 누릴 수 있으니

그걸 깜빡했다니 난 참 바보였구나

> 고승하 선생님께서 작곡하신 '그걸 깜빡했다니'라는 노래가 있습니다.

"눈과 귀와 입을 막고 열 번, 스무 번을 세고 있으면 얼마나 답답하고 참기 힘들까요? 우리는 보고 듣고 말할 수 있는 축복받은 사람들입니다. 그걸 깜빡했다니 나는 참 바보였습니다."라고 이 어린이는 고백합니다.

여기서 마지막 부분인 "난 참 바보였구나." 율동을 머리를 긁적거리는 동작으로 만들어 보았습니다. 다른 표현들도 많이 있지만 굳이 이렇게 표현한 까닭은 이 동작으로 공연을 보는 이에게 부끄러움을 충분히 전달할 수 있기 때문입니다.

> 오래 전부터 앞을 보지 못하시는 민재 아버님께서는
> '이종일과 아름나라'를 끔찍이 사랑하십니다.

연습실이나 캠프에서 음악을 틀어 놓고 놀 때면 아이들과 함께 열심히 춤을 추고 계시는 민재 아버님을 자주 보곤 합니다.

장애를 가지고 있다고 해서 세상을 슬프게 사는 것이 아니라 비장애인과 장애인이 더불어 같이 잘 살 수 있다는 것을 아이들에게 몸소 보여 주고 계십니다.

민재 아버님, 고맙습니다.

잡초 뽑는데

대지초 3학년 임유진·조주용

잡초 뽑는데 조주용이가 코피가 났다

코피가 많이 나서 좀 걱정이 됐다

조주용이는 이 핑계로 학원 안 가고 싶댄다

(대지초 3 임유진)

잡초 뽑는데 나의 코에서 코피가 났다

너무 열심히 해서 코피가 났나 봐

난 아무렇지 않은데도 친구들이 더 난리다

(대지초3 조주용)

> 같은 사건을 겪으면서도
> 아이들은 서로 다른 마음이었나 봅니다.

  한 편의 글만 노래를 만들려고 했는데 이 두 편의 글을 보자마자 마음이 바뀌었습니다. 두 아이의 글을 1절과 2절로 나누어서 곡을 써 보았습니다.

  주용이는 열심히 풀을 뽑다 보니 코피가 나는 줄 몰랐나 봅니다. 옆에서 보는 아이들이 더 난리가 났습니다. 그런데 주용이는 코피를 핑계로 학원에 가지 않을 꾀를 내었습니다.

> 친구들 모두 예쁜 마음을 가지고 있네요~
> 주용아, 요즘은 코피 안 나지?

  아이들과 함께 있다 보면 가끔 아이들이 긁히거나 다치고 코피가 날 때도 있습니다. 그럴 때마다 그걸 보고 있던 다른 아이들이 더 난리가 나서 호들갑을 떨기도 합니다.

  코피가 나는 당사자는 코에서 무언가 흐르는 느낌만 있지 코피를 보지 못합니다. 그러니 덤덤하거나 별 감정이 없었는데 다른 사람들 반응을 보고서는 울어 버리거나 당황해 어쩔 줄 몰라 할 때가 있습니다.

  아이와 산책을 하거나 걷다 보면 아이가 돌부리에 걸려 넘어질 때가 있습니다. 이럴 때 어른들 반응에 따라 넘어진 아이의 반응이 달라진 다고 합니다. 어른들이 더 놀라는 반응을 하면 아이는 자신이 무언가를 잘못했다고 느껴 눈치를 보거나 당황한 나머지 울어 버리기도 합니다. 그러나 어른들이 아무 반응이 없으면 아이는 이리 저리 주위를 한번 둘러보고는 아무렇지 않게 일어나 툭툭 털고는 따라 걷는다고 합니다.

무언의 압박

대지초 5학년 강하늘

누구나 한번쯤은 선생님께 혼난 적 있을 꺼다
나도 혼났다
선생님은 부른 다음
아무 말도 않고 우리를 보신다
말하는 것보다 그게 더 무섭다
이런게 무언의 압박인가 보다

    아이들은 무언가를 잘못하거나 실수를 했을 때 혼이 날까 두려워합니다. 선생님께서 부르시면 조마조마합니다. 그런데 선생님은 한참을 가만히 계십니다. 그것도 계속 쳐다보시면서 말이에요. 아마도 1분이 1시간처럼 느껴졌을 거예요.
    무슨 말을 해야 할지, 어떤 행동을 해야 할지, 머릿속은 하얗게 텅 비어 버렸을 거예요. 그래서 하늘이는 제목을 '무언의 압박'이라고 적었습니다.

> 그런데요~~
> 선생님은 어떤 마음이었을까요?

어휴! 어떻게 혼을 내야 마음이 덜 아프게 잘못을 고치지?
아니면 어떤 벌을 내려야 할까?
어떤 말로 타이를까?

선생님 또한 쳐다보면서 많은 생각에 잠겼을 거예요.
그쵸, 선생님?

무언의 압박

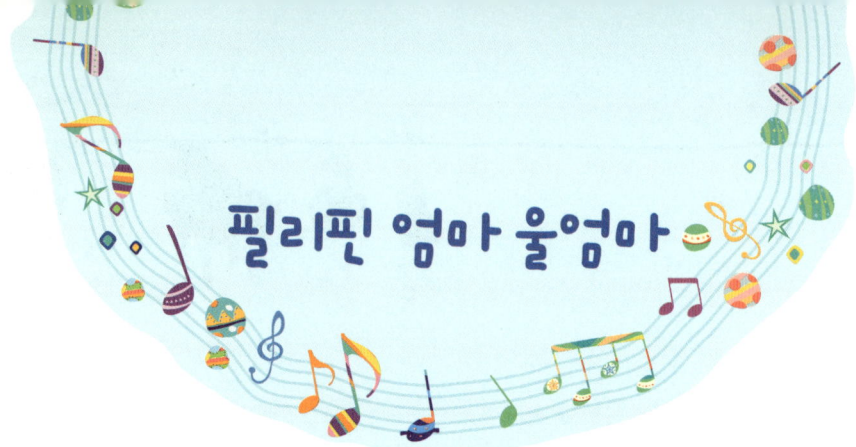

필리핀 엄마 울엄마

대지초 5학년 강하늘

엄마, 엄마 눈은 왜 갈색이야?
내 눈동자는 까만색인데
아이들이 엄마가 이상하게 생겼대
응, 엄마는 다른 나라에서 왔어
응? 무슨 나라야?
필리핀이라는 나라야
멀어? 어디 있어?
비행기 타고 몇 시간만 가면 돼
왜 왔어?
엄마 아빠가 서로 사랑해서
같이 살려고 왔지
엄마 눈을 계속 보니까
눈동자가 아름다워
엄마, 학교에 있으면

엄마가 계속 계속 보고 싶어

엄마는 엄마 있어? 안 보고 싶어?

많이 보고 싶어

어디 있어 보러 가

너무 멀리 있어

지금 엄마의 엄마는 필리핀에 계셔

많이 많이 보고 싶어서 어떨 땐 눈물도 나

아빠도 보고 싶고 오빠도 보고 싶고

동생도 보고 싶어

보고 싶으면 보러가 엄마

안 돼

왜?

너 깨워야지 밥 먹여야지 학교 보내야지

씻겨야지 재워야지 빨래해야지

잔소리도 해야지 헤헤헤

야! 하하하

나 혼자 다 할테니까

엄마는 엄마의 엄마 보고 와

하루 만에 갔다 올 수 있어?

하루라면 엄마 보고 싶은 거

꾹 참고 있을 수 있어

아니? 적어도 5일은 걸릴거야

아! 안 돼 그렇게 오래 걸려?

차비도 많이 들어

그럼 아빠랑 나랑 매일 저금통에 용돈 모으면 되잖아

돈 모아서 겨울방학이 되면 우리 같이 보러가자 궁금해

고마워 우리 딸

울지마 왜 울어

엄마가 보고 싶어 그래

그럼 엄마의 엄마는 어떻게 불러?

할머니야?

그래 외할머니라고 부른단다

사진 봐 이렇게 생기셨어

나도 외할머니 보고 싶어

엄마의 엄마 말이야

외할머니 외할머니....

필리핀엄마 우리엄마

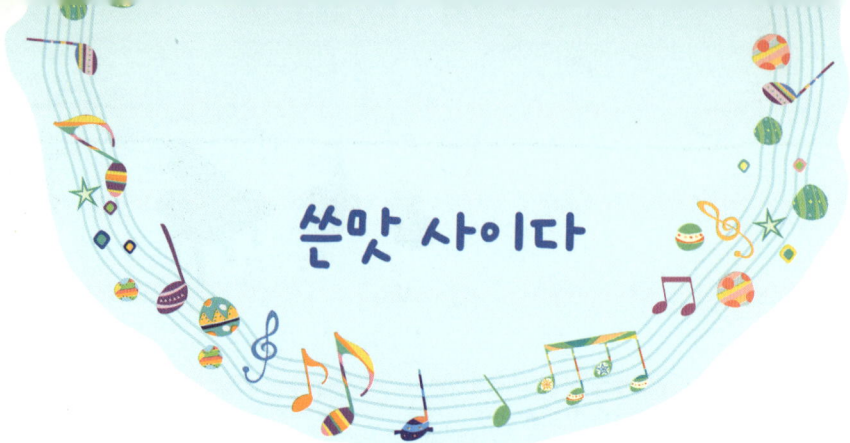

쓴맛 사이다

대지초 6학년 이승준

저녁을 먹을 때에
장난으로 사이다를 소주잔에 담아
엄마랑 밥을 먹으면서
같이 마셨다

오늘 있었던 힘든 일도 이야기하고
사이다를 마시니 사이다가 쓴다

쓴맛 사이다
쓴맛 사이다
엄마와 함께 마신
쓴맛 사이다

> 승준이는 2018년 '제5회 경남 어린이 이쁜노랫말대회'에서 만났습니다.

    이 대회를 만들어 지금껏 계속 이어오고 계시는 분은 존경하는 작곡가 고승하 선생님과 사모님 김명숙 선생님입니다. '이쁜노랫말대회'라는 생소한 이름이 어찌나 감동이 되던지, 이 대회 작곡가로 매년 요청을 받아도 즐겁게 참여하고 있습니다.

    곡으로 쓰기에 참으로 애매한 글들만 저에게 주시는 고승하 선생님은 올해도 기대를 저버리지 않으시고 난감한 상황을 만들어 주셨습니다. 제목부터 이미 무슨 술 냄새가 나는 것이었습니다. 한참을 고민하다 세계 최초로 트로트 향기가 나는 동요를 만들어 보고 싶었습니다.

    승준이는 6학년인데도 부모님과 대화를 많이 하는 것 같아서 좋았습니다. 지난밤 부모님께서 말씀을 나누며 술을 약간 드셨는지는 알 수 없으나 어쨌든 식탁에 소주잔이 있었던 듯합니다.

    엄마가 차려 주시는 저녁을 함께 먹으며 대화하는 모습과 아이가 학교생활이 힘들었는지 엄마 앞에서 이야기하는 모습이 떠올랐습니다.

    사이다를 한 잔 마시려는데 컵은 없고 소주잔만 보였겠지요. 작은 컵에 부어 마시면서 힘든 점을 이야기하는데 꼭 어른이 된 듯한 느낌이었을 겁니다. 그리고 한 잔 마시고는 "캬~~"라고도 했을 겁니다.

사이다 탄산이 빠진 것인지, 소주처럼 느껴져서 그런 것인지는 모르겠으나 하여튼 사이다가 쓰다고 하는군요.

쓴맛 사이다를 엄마랑 같이 마셨다고 하네요~ 하하하하하~~.

달팽이야 그리고 아름나라

한금서 어린이

달팽이야 달팽이야
너는 가족이랑 떨어졌는데
안 외롭니?
나는 부모님이랑 떨어져 자면 무서운데
달팽이야 너는 참 대단해
혼자서도 씩씩한 달팽이

> '경남 어린이 이쁜노랫말대회 공모전'에 출품하여 입상한 작품입니다.

 2023년, '경남 어린이 이쁜노랫말대회'가 벌써 열 번째를 맞았습니다. 이 대회를 주관하시는 고승하 선생님은 저와 오랜 인연이 있습니다.
 이 노래를 만들면서 고승하 선생님의 고등학교 때 이야기가 생각났습니다. 공부가 하고 싶어 구두를 닦으면서 야간학교를 다니던 고등학생 고승하 말이에요.

 저는 1993년에 군을 제대하고 이제껏 만들던 노래에서 탈피해 동요를 만들고 싶었습니다. 그동안 제가 만든 노래들이 동요풍이 많았기에 더 끌렸는지도 모르겠습니다.

 알고 보니 마산에 '고승하'라는 분이 '아름나라 어린이예술단'이라는 이름으로 이미 어린이 말과 글로 노래를 만들고 힘든 환경에서도 오랫동안 어린이 노래 운동을 해오고 계셨더군요.
 혼자서도 충분히 노래 운동을 할 수 있다고 생각하여 1년여 동안 꾸준히 노래를 작곡하다가 문득 선생님을 도와드려야겠다고 생각했습니다. 그리고는 무작정 선생님께 전화를 드렸습니다. 마산에서 만나 까불까불하는 동안 우리는 서로 마음이 잘 맞았습니다.

 그 전에 이미 이러저러한 어린이 노래 운동에 참여하면서 조금은 알

고 있었으나 본격적으로 대구에서 '아름나라'를 창단한 것은 1996년 이었습니다.

> 이름하여 '대구 아름나라 어린이예술단'이며 공연 단체명은 '이종일과 아름나라'로 확정했습니다.

창단 기념일에 대구교육대학교 이인수 교수님께서 큰 시계를 선물해 주셨고, 조성진 선생님은 마임(mime) 공연으로, 이수준 선생님은 대금 연주로 축하와 격려를 해 주셨습니다.

'전국 아름나라 어린이예술단'을 제안하고 사무국장 일을 수행하면서 전국의 여러 아름나라와 연락하여 '캠프'라는 이름으로 모임을 요청하였습니다. 그렇게 모이고 보니 20곳 가까운 지역에서 고승하 선생님을 따르는 분들이 활동을 하고 계셨습니다.

제가 이끌던 '대구아름나라'도 이후에 성서, 대명, 시지, 경산, 하양, 경주까지 확장되었습니다. 그 당시 학부모들이 지닌 '어린이 해방'을 향한 열망을 읽을 수 있습니다. 투박해도 어린이의 말과 글을 통해 어린이 마음과 말을 들어 주자는 마음이 통했었나 봅니다.

수 년간 제가 운영하는 이벤트 회사에서 주관하여 전국 아름나라 캠프를 진행하였습니다. 모여서 며칠 동안 풍물, 탈춤, 율동, 합창 등을 함께하신 선생님들과 직원들의 열정을 생각하면 고마운 마음에 자주 울컥하곤 했습니다.

　이벤트팀이었던 권승남, 송석호, 손진과 풍물을 맡았던 차재근 그리고 계명대학교 민속문화연구반에도 감사를 드립니다. 지금은 '아름나라'가 많은 분의 도움으로 사단법인이 됐다고 합니다.

중학교 3학년

최상의 경치를 제공하는 두바이 여행사
공사 현장에 도움이 되는 중장비 운전기사,
아, 인문계를 가야 하는데
성적이 낮아서 걱정이다
부모님 체면도 세워 드리고
효도도 하고 싶은데
대학도 들어가고 싶어요
결혼도 하고 싶어 돈도 잘 벌고
잘 살고 싶어
착하게 늙고 싶네

> ㄷㄱ이는 백혈병을 완치하고 회복하고 있는 친구예요. 우리는 백혈병 소아암 환우를 위한 모임인 '백혈병소아암협회 대구지회'에서 만났습니다.

백혈병소아암협회에서 청소년들과 글쓰기 노래놀이를 해 달라는 요청을 받았기 때문입니다. 어떻게 진행할까 고민이 많이 되었지만 용기를 내 첫 수업을 시작했습니다.

초등학생부터 고등학생까지 열 명 남짓한 친구들이 모였습니다. 글과 말로 된 노래를 불러 주고 재미있게 오디오극 놀이도 했습니다. 그리고는 글쓰기에 들어갔습니다.

아무 글이라도 노래가 된다고 하니 아이들은 의아해했습니다. 한 아이가 장난처럼 쓴 글이 멋있는 노래로 변신하자 아이들이 용기를 내기 시작했습니다. 몇 개의 인상 깊은 글들 중 'ㄷㄱ이의 꿈'이란 글을 소개하고자 합니다. 다른 친구들과는 달리 글이 깨끗했기 때문입니다.

이 친구는 중장비나 버스를 좋아합니다. 그래서 버스 모형도 직접 제작하는 열정이 있는 친구입니다. 나중에 커서 두바이를 여행하는 여행사도 하고 싶고 중장비 운전기사도 되어 보고 싶다고 합니다. 인문계 고등학교를 가고 싶은데 치료 때문에 공부를 많이 못해서 걱정인가 봅니다. 부모님께 효도하고 싶다는 착한 마음이 저에게도 전달되어 노래를 만들어 주고 싶은 감동을 일으켰습니다. 무엇보다 제 마음을 감동시킨 글은 마지막 문장입니다.

'착하게 늙고 싶다'

ㄷㄱ이는 이 마지막 문장을 세상 사람들 모두에게 알리고 싶었습니다. 지금도 어디에선가 버스를 연구하고 있을 테지요. 혹시 압니까?

기특한 이 친구가 디자인한 멋진 버스가 세상에 나올지 말이에요.

정체를 밝혀라

마주이야기: 김해인, 김하은, 엄마, 아빠
경화유치원: 서춘희 원장, 조기현 선생 이야기

어디서 이상한 냄새가 나는 것 같아

누구냐 누구냐

정체를 밝혀라

혹시 김해인 너냐

아니다 진짜 아니다

니가 맞잖아 방귀 낀게

제발 절 믿어주세요

> 어느 상담학자가 말하더라구요~
> '가족끼리 한 이불을 덮고 자 보세요. 가정 문제의 모든 것이 치료가 됩니다.'

저도 어렸을 때 가족끼리 한 이불을 덮고 자던 기억을 떠올리면 입꼬리가 슉~ 하고 올라갑니다.

요즘은 가족이라도 1인 1방 시대이다 보니 한 방에 둘러앉거나 한

이불을 덮고 자는 일이 드뭅니다. 해인이 가족은 한 이불을 덮고 잠을 자는가 봅니다. 그런 모습을 생각하니 어린 시절이 생각나고 무척이나 부러워서 노래를 꼭 만들어 주고 싶었습니다. 이 노래는 '들어 주자 들어 주자'의 저자이신 박문희 원장님의 마주이야기 프로그램으로 만들었습니다.

> 마주이야기로 아이들에게 노래를 만들어 주세요~

산골에 있다가 아내 일로 대구로 다시 들어오던 해에 조기현 선생님 부부가 우리 집으로 찾아오셨습니다. 집 앞 카페에서 인사를 하시는데 얼마나 공손하게 말씀하시는지 적잖이 놀랐습니다.

부인이신 서춘희 원장님은 대형병원 간호사로 의료운동을 하시던 분입니다. 조기현 선생님은 오랜 기간 지역에서 존경받는 노동운동가였습니다.

이 분들이 어린이를 위한 유치원을 열었다는 소식에 또 한번 놀랐습니다. 그래서 마주이야기로 아이들에게 노래를 만들어 달라는 부탁을 바로 수락하였습니다. 집에서 부모님과 마주 이야기한 내용을 준비한 공책에 적어 부모님께서 유치원에 보내 주시면 그것으로 발표도 하고 노래도 만들고 합창하는 수업을 진행하는 특별한 시간을 매달 1회 만들어 보고자 했습니다.

  그 이후 4~5년 꾸준히 진행하였고 유치원 발표회도 어린이말노래 발표회도 했습니다.

  참으로 안타까운 것은 주위에 영어를 중요시하는 유치원이 늘어나면서 이 유치원에는 아이들이 오지 않아서 운영난으로 어쩔 수 없이 문을 닫게 되었습니다.

위선자

방촌초 변정미 선생님
반 아이들이 주제를 정해 글을 써서 노래 만들어 부르기

환경이 파괴되고 있다고 걱정만 하면 다인가요

걱정만 하고 있는 사람들 당신과 나는 위선자

나무 좀 그만 죽여 건물 좀 그만 지어 쓰레기 그만 태워

땅 좀 그만 뚫어

조금 더 빠르고 편리하게

조금 더 많이 더 예쁘게

인간의 욕심은 끝이 없죠

지금으로도 만족해요

> 사람은 자신을 믿어 주고 응원하는 사람과 함께 있고 싶어합니다.

"어린이 말 좀 들어 주세요"라는 어린이 운동을 하고 있으면 싫어하는 사람은 없지만 서 있는 위치와 방향이 다르니 항상 외롭습니다.

대화 주제도 없거니와 강의를 다니거나 작곡하거나 놀이를 만들거나 집에서 아이들과 있거나 하며 밖을 다니지 않으니 더더욱 외롭습니다.

> 학교 현장에서 수고하시는 선생님들이 나를 불러 특강을 맡기는 일은 여간 수고로운 게 아닙니다

학교 기준에 맞아야 하고 또 교과 기준에 맞아야 하며 강사 기준에도 적합해야 합니다. 저는 강사 기준에서 요구되는 증명할 것이 많이 부족합니다.

그러나 김선자 선생님, 변정미 선생님은 용감하게 강의 요청을 해주십니다. 귀찮을 정도로 자주 불러 주시는데도 기분이 나쁘지 않았습니다. 그 이유는 두 분은 예술가를 기분 좋게 섭외하는 묘한 매력이 있기 때문입니다. 그래서 흔쾌히 학교에서 프로그램을 진행합니다. 게다가 선생님들 반 아이들은 매해 다른 아이들이지만 모두가 행복해 보였습니다.

2015년 5월에는 아이들과 환경 강의를 하며 모든 아이들의 글이 다 들어가는 환경 노래를 만들어 부르자고 제안을 하였습니다.

먼저 환경 강의를 하고 난 후에 아이들이 강의 내용에서 느낀 대로 이 시대에 요구하는 글을 쓰는 겁니다. 그리고는 제가 곡을 쓰고요. 다음에는 함께 합창을 하는 것입니다.

저는 고맙게도 10년간 환경부 환경홍보단으로 강의를 하면서 늘 인기 강사로 인정받았습니다. 이곳저곳 학교에 불려 다니면서 기타를 들고 노래를 부르며 대화도 하는 환경쇼를 진행했습니다. 가는 곳마다 환영해 주셔서 고마웠습니다.

얼마 전, 세계 책의 날(4월 23일)에 대형 출판사가 진행하는 동산병원 김동은 교수님의 '당신이 나의 백신입니다' 북 콘서트를 했습니다.

특별 공연을 요청하길래 대구 '동요부르는 어른모임'과 함께 참여하여 이 노래를 불렀습니다.

김동은 교수님은 '새활용환경놀잇감' 전시회에도 오셔서 선물을 주시더니 놀이문화연구소 10,000일 기념 선물도 챙겨 주실 정도로 큰 후원자입니다.

환경이 파괴 되고 있다고   걱정만 하면   다 인가요
걱정만 하고 있는 사람들   당신과 나는   위선 자
나무 좀 그만 죽여   건물 좀 그만 지어
쓰레기 그만 태워   땅 좀 그만 뚫어
나무 좀 그만 죽여   건물 좀 그만 지어
쓰레기 그만 태워   땅 좀 그만 뚫어
조금 더 빠르고 편리하게   조금 더 많이 더 예쁘게
인간의 욕심은 끝이 없죠   지금으로도 만족해요

위선자

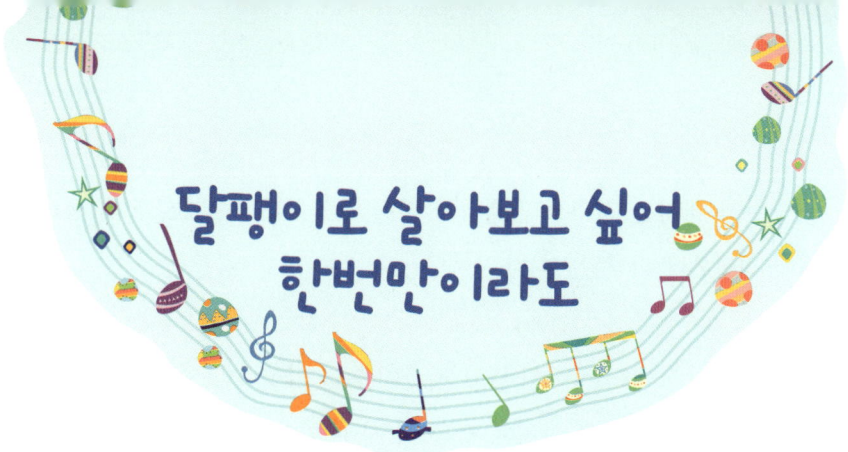

상주 외남초 6학년 장태은

달팽이로 살아보고 싶어

한번만이라도 살아보고 싶어

늦잠 자고 싶어도

계속 놀고 싶어도

빨리 옷 입어

빨리 준비해

빨리 빨리

기분좋게 가고 싶은데

기대하고 가고 싶은데

엄마는

내 마음을 아는지 모르는지

달팽이로 살아보고 싶어

한번만이라도

상주에 계시는 김수선 선생님이 어린이 글노래 프로그램을 요청하셔서 외남초에 다녀왔습니다.

유럽의 어떤 나라는 아침 등교 시간이 늦다고 합니다. 연구자 얘기로는 어린이와 청소년은 아침에 잠을 더 자야 한다고 합니다. 저도 그렇게 생각합니다. 아이들이 10시에 등교했으면 좋겠습니다. 그런데 우리는 해결해야 할 과제가 많이 있습니다.

여전히 아이들은 아침잠이 많습니다. 그 대신 밤늦게까지 활동이 왕성합니다. 어린이, 청소년은 늦게 자고 늦게 일어나는 것이 좋다는 연구 결과도 있습니다.

스마트폰과 컴퓨터와 텔레비전 화면에서 해방만 된다면 말이죠.

> 어린이는 아침이 있는 삶이 필요합니다.

빨리 일어나~
빨리 씻어~
빨리 밥 먹어~
빨리 학교 가~

굼뜬 막내에게 나는 아침이면 아직도 이런 잔소리를 하고는 합니다.
아이들은 말합니다.

아침에 집에서 여유를 갖고 싶고 기분 좋게 학교에 가고 싶고, 기대하며 학교 가고 싶고, 아침이 있는 삶이 필요하다고요~.

그래서 아이들이 달팽이를 좋아하는 것인지도 모릅니다.

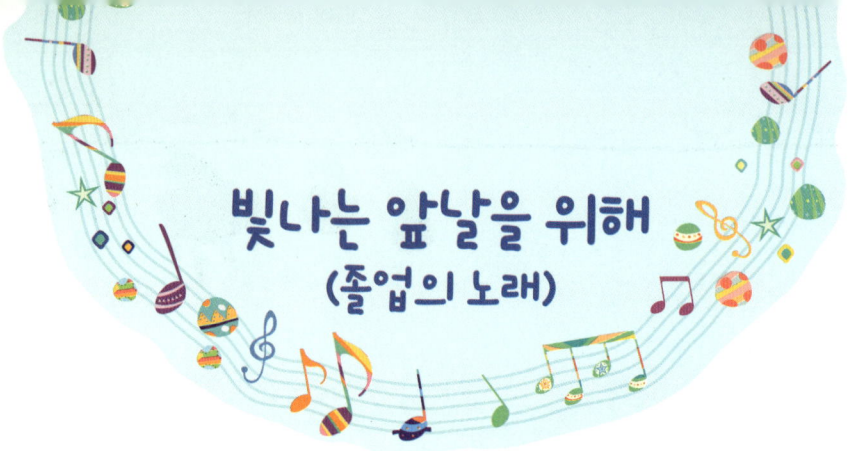

빛나는 앞날을 위해
(졸업의 노래)

울진 노음초 6학년
글편집 : 이종일

우리는 꿈을 가지고 있어
누구도 우릴 막을 수 없어
선생님 떠나가기 싫지만
우리의 꿈을 찾아 떠난다

새로운 친구도 만나고 싶고
새로운 교복도 입고 싶어
초등학교가 그리울 수 있지만
두근두근대는 설레는 마음

빛나라 빛나라 힘내라 힘내라
우리의 앞날은 우리가 만든다
빛나라 빛나라 힘내라 힘내라
새로운 출발을 위해
새로운 출발을 위해

(글 : 선호 소영 지원 유나 예담 원호 누라 우연, 2021년 10월)

> 말은 생명입니다.

　말 한마디로 사람을 살릴 수도 있고 죽이기도 한다고 합니다. 요즘 '말이 되는 글쓰기'와 '화면 중독과 마스크 시대 어린이 글쓰기의 오해'라는 주제로 어린이들을 만납니다.

　글쓰기 시간이 되면 떠들기만 할 뿐 글은 쓰지 않는 어린이들이지만 청산유수같이 줄줄 말을 잘하는 아이들이 있습니다. 그런 아이들에게 "그거 좋은데 그 말을 글로 적어 봐~"라고 하면 "모르겠는데요. 기억이 안 나는데요. 어떻게 적어요?"라고 하면서 어려워하는 어린이들을 자주 만납니다.

　마스크와 SNS, 영상문화는 들어 주는 대화를 어렵게 하고 글 쓰는 것도 힘들게 합니다.

　바로 앞에서 입 모양을 보며 귀를 열고 대화하고, 눈으로 활자를 읽으며 입 모양을 흉내내야 하는 어린이들의 입에 유튜브 먹방이나 게임 진행자들이 쓰는 저속한 언어가 가득 차 있습니다.

> 처음 글쓰기를 너무 어렵게 하다 보면 말이 글이 된다는 것을 믿지 않습니다.

　머리에 떠올려진 그림 같은 언어를 연필로 그려내기가 어려운 어린이도 있습니다.

그러면 먼저 생활이란 공간에서 내가 말했거나 누구에게서 들은 말을 기억해 적어 보게 합니다. 그런 다음 "그 말을 왜 들었지?"라고 물어 답을 적게 하고 "그 말을 듣고 난 다음 어떻게 됐어?" 하는 순서로 대화하듯 답을 적으며 글을 이어 나가도록 합니다.

> 말과 글이 노래가 되고 악보가 돼요~.

글쓰기를 힘들어하는 어린이와 청소년들을 만나 아무 글이라도 써 주면 노래를 만들어 불러 주겠다며 글쓰기 동기를 이끌어내려 애쓰고 있습니다.

다른 어린이의 말이나 글이 악보가 되고 노래가 되는 것을 보면 자기의 말과 글도 노래가 되었으면 하는 마음이 생깁니다. 그런 다른 어린이들의 글을 보며 약이 올라 손에 땀이 나도록 힘겹게 쓰다 보면 담임선생님이 깜짝 놀랄 정도로 짧은 시간 안에 훌륭하게 쓴 글도 볼 수 있었습니다.

> 우리 반을 자랑하는 글을 써 보아요~.

학년마다 반마다 여름이 지나면 친구들끼리 미운 정, 고운 정이 듭니다. 그래서 저는 어린이와 청소년들에게 제안합니다.

> 우리 반을 자랑하는 글을 쓰면 반가를 만들어 주겠다고요.

　친구 한 명 한 명의 장점과 고칠 점이나 미안했던 일과 고마웠던 일, 그 친구의 삶을 응원하는 말, 미래에 대한 희망과 두려움이나 선생님께 쓰는 짧은 편지라든지, 우리 반만이 지닌 특이한 점을 적게 합니다.
　자신만 생각하던 삶에서 친구들 이름을 나열해 칭찬할 것을 찾아내려면 1년간 보아왔던 희미한 기억을 살려야 합니다. 이렇게 글로 적어 보면 친구들은 서로에 대해 깊이 생각할 수밖에 없습니다.

> 졸업의 노래

　6학년 어린이들을 만나 졸업식에서 부를 만한 졸업의 노래를 만들어 보자고 했습니다. 우리 미래를 응원하는 글을 쓰며 며칠 남지 않은 날들을 빛나고 소중하게 간직하자고 했습니다.
　어린이들이 몇 장이고 글을 써서 가져오면 저는 몇 줄 가사로 편집, 다시 노래를 만들어야 합니다. 매우 힘든 노동이지만 즐거운 일이기도 합니다.

보고 싶은 선생님

춘산초 효선분교 3학년 박가림

내가 2학년 때 멀리 떠나가신

선생님 이기영 선생님

3학년이 되면 담임해 주신다

하시고는 떠나셨다

나를 혼낼 땐 슬펐지만

점점 보고 싶어 울 뻔했다

선생님은 날 기억할까

나를 안 보고 싶을까

> 3학년 첫날이 되었습니다.

 오늘따라 무슨 일인지 일찍 눈이 떠졌고 엄마가 깨우는 소리마저 노래처럼 느낌이 좋은 날입니다. 오빠랑 길가 돌멩이를 툭툭 차며 학교로 걸어가는 발걸음은 설레기도 했지만 약간은 두렵기도 했습니다. 저수지를 지나다가 언뜻 작년 우리 반 선생님께서 해 주신 말씀이 떠오릅니다.

 "선생님, 내년 3학년이 되면 꼭 담임해 주세요~ 네?"
 "그래 그래 알았어."
 선생님의 자상한 미소는 나를 늘 긍정으로 이끌어 주셨습니다.
 배정받은 반 교실 문을 열고 친구들을 보는 둥 마는 둥 앉아 있었습니다. 이내 새로운 선생님께서 웃음을 지으시며 들어오셨습니다. 작년 선생님은 아니었지만 멋있고 착해 보이는 선생님이었습니다. 쉬는 시간 틈을 내 다른 학년 다른 반을 둘러보며 선생님을 찾았지만 선생님은 안 보였습니다.

 다음 날은 학교에 좀 더 일찍 가서 용기를 내 교무실로 갔습니다. 그런데 문을 열 용기가 나지 않았고 입에서는 아무 말도 안 나왔습니다. 그래서 돌아가려는데 교감 선생님께서 말씀하셨습니다.
 "무슨 일로 왔니?"
 "선생님요…"

"어느 선생님?"

"작년 우리 선생님 어디 계시는지 몰라서요."

선생님은 다른 학교로 가셨다고 합니다. 영천에 있는 어느 학교로 가셨다고 하셨습니다.

교감 선생님 대답을 듣자마자 난 참을 수 있다고 생각했는데도 눈물이 저절로 주루룩 흘러내리고 말았습니다.

교감 선생님이 쓰다듬어 주시는 손을 뿌리치고 운동장을 걸어 히말라야시다 나무 앞까지 가면서도 눈물은 더 많이 흘러내려 앞이 보이질 않았습니다.

선생님에게 사랑받고 존중받은 기억은 부모님에게 받은 것만큼 소중합니다.

청소년 시기에는 부모님과의 관계만큼이나 선생님과의 관계도 소중합니다. 해가 뜨고 질 때까지 서로 마주 대하며 학습하고 생활하는 학교생활도 소중합니다. 그래서 선생님과 관계가 중요하다고 할 수 있습니다.

가림이가 보고 싶은 만큼 선생님도 가림이를 무척이나 보고 싶었을 겁니다. 가림이도 선생님을 기억하겠지만 선생님도 가림이를 기억하고 계실 겁니다.

보고싶은 선생님

가뭄

강다은 어린이

논에 모를 심지 못한다
콩이 말라 죽어간다
옥수수가 말라 고구마가 말라
죽어 죽어만 간다
호박은 누렇게 더 자라지 않고
옥수수는 말라서 가느댕댕
고구마 고추 오이 가지 모두
제자리에 멈춰 버린 것 같다
내가 하늘로 올라가
구름을 쥐어짜서 비를 내리면 좋겠다

몇 해 전 뜨겁던 여름, 사과 농사를 대규모로 짓는 지역을 지날 때였습니다.

마을 들머리 국도변에 큰 펼침막에는 '우리에게 물을 달라'고 적혀 있었습니다. 우리나라에서는 보기 드문 현수막 문구라서 의아했습니다.
가뭄이 길어져 마을마다 물을 배급받기는 하는데 턱없이 부족했고 농작물은 타들어 가고 있었습니다. 개울은 비가 많이 올 때 말고는 항상 말라 있었고 그나마 도랑처럼 흐르던 하천은 멈추어 버렸습니다.
지표수인 개울물이 부족하니 대규모 과수원이나 밭마다 관정(땅을 뚫어서 물을 퍼 올리는 것)을 파 지하수를 뽑아 올려 농업용수로 쓸 수밖에 없습니다.

많은 비가 내려도 며칠만 지나면 개울물은 사라져 버리고 지하수 수위도 점점 낮아져 버린 우리 농촌 실정을 알고는 펼침막에 적혀 있는 글이 이해가 되었습니다.
얕은 층 지하수도 고갈되어 이제는 100여 미터 이상을 파 내려가야 겨우 지하수를 만날 수 있는 곳이 많다고 합니다.

도시에 살고 있는 대부분의 소비자들은 크고 흠이 없는 깨끗한 과일을 선호합니다. 작고 흠이 있고 못생긴 것보다는 크고 흠이 없는 과일이 더 탐이 나고 먹음직스러우니 농부님들도 물이 더 많이 필요하리라 생각합니다.

> 2014년, 강원도에 사는 초등학교 3학년 강다은 어린이는
> 날마다 눈앞에서 말라가고 있는 농작물들을 보며 안타까운 마음이 들었습니다.

　물이 없어 모를 심지 못하는 마른 논의 절박함과 콩, 옥수수, 고구마, 호박, 고추, 오이, 가지와 같은 모든 밭작물이 긴 가뭄에 어떻게 되어 버렸는지 상황을 생중계하듯 쓴 글이라 읽는 동안 다은이처럼 마음이 아팠습니다.

　이 글은 '이오덕 학교'에서 발행하는 「삶, 문학, 교육」이라는 어린이 잡지 4호에 실렸고, 서울동요제(이오덕 동요제) 주최 측으로부터 작곡을 부탁받아 노래를 만들었지만 그 행사에는 채택이 되지 않은 것 같습니다. 하지만 이번에 만든 이종일 환경 동요 음반에는 이 노래를 실었습니다.

> '가뭄'이라는 글이 노래가 되어 이 세상에 나왔습니다.

　대구MBC 음악감독 김병균 형이 편곡을, 대구의 싱어송라이터 박성운님이 솔로와 기타연주를 맡아 주었고, 코러스에는 의성서문교회 이혁 목사님과 대구 '동요 부르는 어른 모임' 박정희 님, 홍지연 님, 제 딸인 이수아가 도와주었습니다.

　의성에 계시는 송종대 선생님은 녹음하는 날 저희에게 저녁도 대접

해 주셨습니다. 이러한 도움 속에서 '가뭄'이라는 글이 노래가 되어 이 세상에 나왔습니다.

가뭄 이종일동요

속초 조양초 3학년 이현우

어린이날이다

그래서 무척 신이 났다

그러나 아빠가 많이 편찮으시다

다른 친구들은 모두 다 놀러 나가는데

우리는 밖으로 나가 놀지 못한다

아빠는 잠만 자고

엄마는 애기 보고

우리는 할 게 없어

게임만 하고 그랬다

어린이날이다

그러나 평상시보다

더 안 좋은 어린이날이 되어 버렸다

> 10살 현우는 어린이날을 무척 기다렸어요.
> 아빠가 아주 먼 곳에서 일을 하시기 때문이에요.

주말만 되면 아빠를 기다리곤 하지만 그마저 바빠서 못 오실 때가 많아요. 하지만 이번 어린이날은 어떤 일이 있어도 가족 모두 놀이공원에 놀러 가기로 약속했답니다.

어린이날 하루 전, 밤 늦게 아빠가 집에 오시자 현우는 너무 기뻤어요. 남동생도 너무 기뻐 아빠에게 매달리기도 하고 안기기도 했어요. 얼마 전 태어난 막내 여동생도 엄마 품에 안겨 입술을 쭉 내밀고 뽁뽁뽁거리면서 히죽히죽 웃었지요.

하지만 기쁨도 잠시, 아빠가 이상해지는 거예요. 점점 얼굴이 어두워지며 몸이 쪼그라져 가더니 방으로 들어가셔서 누우시곤 그만 잠이 드시는 거예요. 온몸엔 식은땀이 나고 몸살이 나는지 끙끙 앓기 시작하셨어요.

우리는 걱정을 하며 뒤척였어요.

"혹시 우리 내일 못 가는 것 아닐까? 아니야, 아빠는 내일 일어나실 수 있을거야."

하지만 결국 어린이날 아침에도 아빠는 자리에서 일어나지 못하셨어요. 아파서 힘이 드는지 얼굴도 찡그리고 계시니 아주 못생겨져 있고 수염도 더 보기 싫게 삐죽삐죽 나온 채로 주무시는 거에요. 아예 우리 생각은 눈곱만큼도 없는 것 같이 말이에요.

어떡해요…….

현우는 그만 거실 소파에 털썩 주저앉아 고개를 떨구었어요. 고개를

　숙이니 눈에서 물기가 떨어지더니 점점 더 많아지는 거에요. 동생은 아예 엎드려서 엉엉 울고 있어요. 그렇게 한참이나 있었어요.

　햇살이 창문 안으로 깊이 들어올 때쯤 되어 엄마에게로 갔어요. 혹시 엄마라도 같이 갈 수 있나 해서 말이에요. 그런데 방문을 열었더니 아기에게 젖을 먹이시며 꾸벅꾸벅 졸고 계신 거에요.

　"으앙! 아빠 어서 일어나세요. 어서 놀러 가요."

　아무리 말해도 소용이 없었어요.

　엄마와 아침을 먹고는 거실에서 컴퓨터로 게임만 했어요. 해가 지도록 실컷 했어요. 예전에는 그렇게 하고 싶었던 게임이 이렇게 재미없는 줄 몰랐어요.

　아빠는 거래처를 다니시며 너무 열심히 일하시다가 기다리고 기다리던 따뜻한 가족 품으로 돌아오셨지만 긴장이 풀리니 그만 몸살이 나셨다고 하네요.

　그럼 현우 일기를 한번 읽어 볼까요?

　선생님께서도 현우에게 힘내라고 크게 사인을 해 주셨네요. 일기를 노래 만들기 좋게 노랫말로 바꿔 보겠습니다.

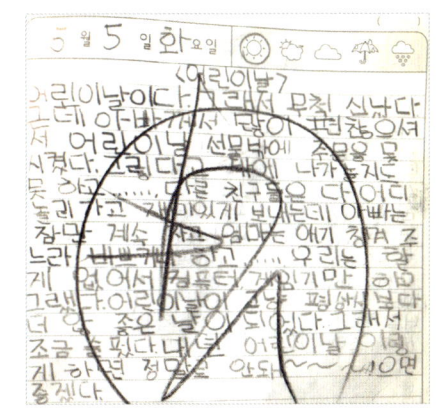

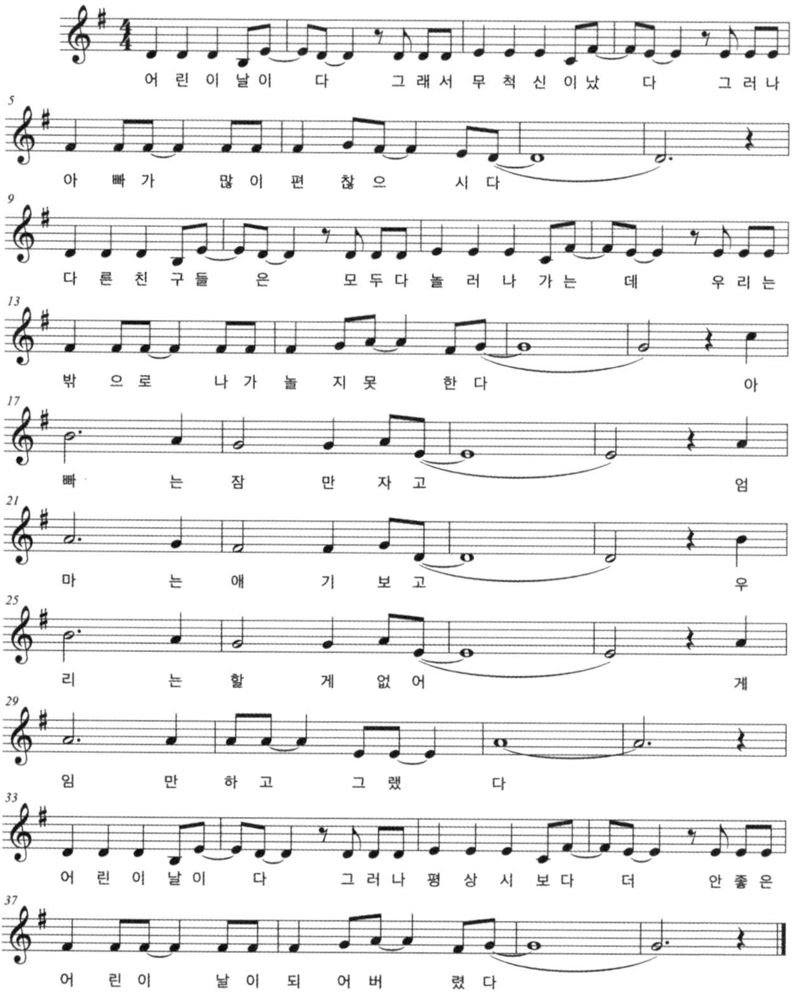

어 린 이 날 이 다 그 래 서 무 척 신 이 났 다 그 러 나
5
아 빠 가 많 이 편 찮 으 시 다
9
다 른 친 구 들 은 모 두 다 놀 러 나 가 는 데 우 리 는
13
밖 으 로 나 가 놀 지 못 한 다 아
17
빠 는 잠 만 자 고 엄
21
마 는 애 기 보 고 우
25
리 는 할 게 없 어 게
29
임 만 하 고 그 랬 다
33
어 린 이 날 이 다 그 러 나 평 상 시 보 다 더 안 좋 은
37
어 린 이 날 이 되 어 버 렸 다

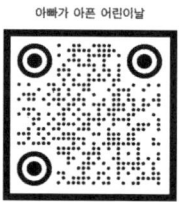

아빠가 아픈 어린이날

> 말이 노래가 되는군요

　노래를 만드는 게 어려워 보인다구요? 아래 노래를 보면 "아하! 노래 만들기는 정말 쉽구나." 하는 마음이 생깁니다.

분 수

이수아(3세)　　　　　　　　　　　　　　　　　　　　　　　이종일

　3살짜리 여자아이가 앞산네거리 분수대를 지나며 혼자서 말합니다. '물이 넘어진다. 퐁당퐁당 넘어진다.' 그때 한 작곡가가 바로 곡을 붙였어요.

> 아빠 깨우지 마세요.

　우리나라 경제 형편이 아주 좋지 않았던 1997년 IMF 외환위기 이후 엄마와 아빠가 헤어지는 일들이 많았어요. 그래서 국가와 사회단체에서는 가족 사랑에 관한 캠페인을 벌였어요. 이 노래는 그때 쓴 글로 곡을 붙인 노래입니다.

어때요?
여러분은 노래를 들으며
무슨 생각을 하였어요?
우리라면 어떻게 했을까요?
아빠를 깨워야 할까요?
그냥 더 주무시게 할까요?
뭐라구요? 그냥 놔 두자구요?
회사에 하루 안 가면
영원히 못 갈 수도 있는데도요?
어떡하죠?

아빠 깨우지 마세요

결혼기념일

경산 하양초 1학년 유건우

오늘은 엄마와 아빠의 결혼기념일이란다
아빠는 엄마에게 장미 백 송이를
장미 백 송이를 사 주셨다
엄마를 사랑해서 주는 거다
나도 나중에 결혼을 하게 되면
나도 아빠처럼
훌륭한 아빠가 되고 싶다

> 살아가는 모습을 내 눈과 내 생각으로 읽어요~

아래 노래를 보면 건우 아빠가 엄마에게 장미꽃 100송이를 사 주시며 뽀뽀라도 한 것 같은데요? 아하! 결혼기념일이라서 그랬다고요? 어쩌죠? 저는 아직까지 결혼기념일이라고 아내에게 꽃 한송이 안겨 준 적이 없는데요? 저도 꽃을 한 다발 사서 아내에게 선물해야겠습니다.

"여보~ 사랑해요"라고 뽀뽀도 하면서요.

엄마를 사랑하는 아빠를 보고 자란 건우는 자라서 아빠가 되면 반드시 좋은 남편과 아빠가 되리라 믿어요. 우리도 훌륭한 아빠가 되도록 노력해요.

내 이름은 보물

대구 동천초 2학년 권수연

내 이름은 수연 빼어날 수 고울 연

내 이름은 수연 내 이름은 보물

나는 내 이름이 못생겼다고

이름을 바꿔 달라 했는데

세상에서 제일로 이쁘고

바른 이름이었다니

수연이란 보물을 가지고 있으면서

보물을 가지고 있는줄 모르다니

> 내 이름은 보물이에요~

　수연이는 자기 이름이 못생겼다고 생각한 모양입니다. 그런데 어느 날 한자로 풀이한 이름 뜻을 알게 되었답니다. 그러자 자신 이름이 얼마나 자랑스러운지 알게 되었다고 해요. 이제는 '보물'이라고까지 한답니다.

> 한자로 풀이한 이름은 빼어날 수, 고울 연

이렇게 예쁘고 바른 이름인 줄 몰랐다고 하네요.

> 저도 내 이름이 싫었어요.

　어릴 때부터 2001년까지 저도 제 이름이 싫었어요. 학교에서 선생님이 '하루 종일' '왠종일' '진종일'이라고 놀리는 날에는 더욱 싫었습니다. 제 이름이 너무 비참했습니다.

평범한 이름이 아닌 종일이 뭡니까? 그러던 어느 날 수연이 글을 보고는 제 이름을 생각해 보았습니다.

> **쇠북 종, 날 일**
> **날마다 종을 울리는 사람**

참 좋은 이름이지 않습니까? '날마다 세상을 깨우는 사람' 이라는 뜻이더라구요. 이름 뜻을 알고 나면 우쭐하기도 해야 하지만 마음은 더 무거워졌습니다. 세상 사람들에게 날마다 경종을 울리거나 깨우치는 사람이 되려니 자신이 얼마나 힘들까?

생각하면 할수록 어깨가 축 쳐지기도 합니다. 그래서 사실은 아직까지도 제 이름이 그다지 마음에 들지는 않습니다. 그래도 어쩝니까? 부모님께서 주신 소중한 이름이니 이 이름으로 살아야지, 어떻게 해요.

아마 제 딸과 아들도 이렇게 생각하는 건 아닌지 무척 궁금해요.

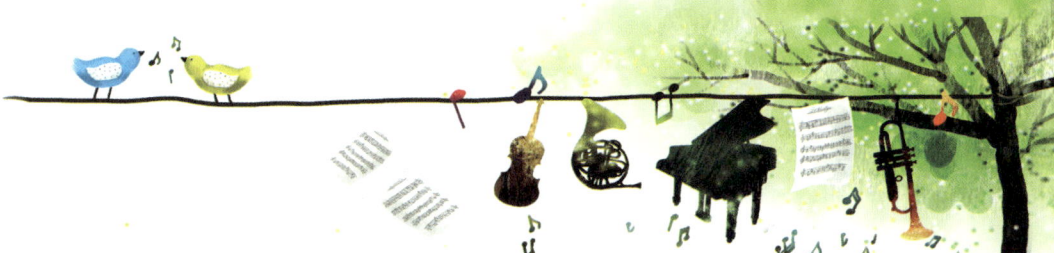

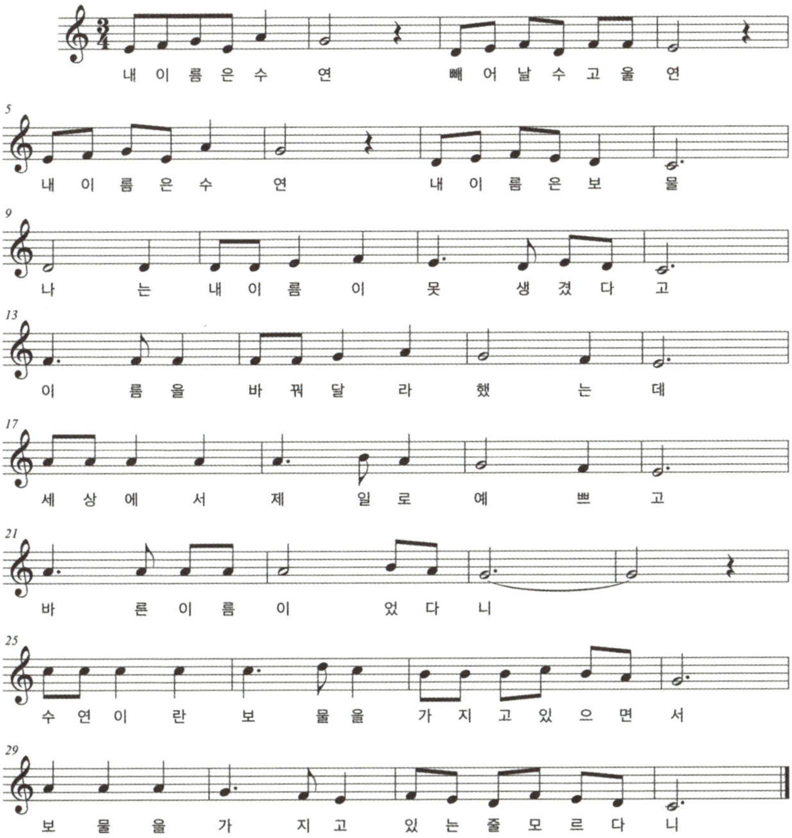
내 이 름 은 수 연 빼 어 날 수 고 울 연
내 이 름 은 수 연 내 이 름 은 보 물
나 는 내 이 름 이 못 생 겼 다 고
이 름 을 바 꿔 달 라 했 는 데
세 상 에 서 제 일 로 예 쁘 고
바 른 이 름 이 었 다 니
수 연 이 란 보 물 을 가 지 고 있 으 면 서
보 물 을 가 지 고 있 는 줄 모 르 다 니

내이름은 보물

봄 같은 친구

남대구초 3, 6학년 어린이 글

친구의 마음이 운다 괜찮아 묻는다

친구의 마음이 아프다 마음이 묻는다

괜찮아 할 수 있어 희망 같은 친구다

친구의 마음속에서는 따뜻한 봄이 있어

세상 하나밖에 없는 가장 따뜻한 봄

울지마 할 수 있어

봄 같은 친구다

어린이 글쓰기 프로젝트

아내가 공부하고 싶다고 해서 대구로 다시 나왔습니다. 아이를 전학 시키자마자 우연히 전학시킨 학교에서 연락이 왔습니다.

어린이 글쓰기 프로젝트가 있는데 강의를 해 달라는 거였습니다. 딸

아이 자존감에도 도움이 될 듯하여 수락했습니다.

전 학년이 글을 쓰면 모든 글을 심사하여 노래가 되기 좋은 글 1~2개를 즉석에서 노래로 만들어 함께 부르는 거였어요.

나는 선생님께 부탁드려 뽑힌 시와 함께 뽑히지 않은 다른 시들도 모두 달라고 했어요.

뽑힌 시로만 노래를 만드는 것은 쉽습니다. 그러나 좋은 노래는 반드시 좋은 글이라야 되는 것도 아니더라고요. 작곡가의 그날 몸과 마음 상태도 중요하고요.

제 부탁으로 갑자기 보아야 할 글들이 많아졌습니다. 시간은 30분밖에 안 주어졌는데 심사도 해야 하지요, 곡도 써야 하고요, 악보도 그려야 되지요, 화장실도 가야 합니다~.

> 주제는 학교에서 정해 주었는데, '봄', '친구', 둘이었나 봅니다.

아무도 없는 교실에 숨어 글을 보는데 서로 닮은 글을 보았습니다. 하나는 친구에 관한 6학년 아이의 글이고 또 하나는 봄에 관한 3학년 아이의 글이었습니다.

> '희망 같은 친구'와 '봄 같은 친구'가 너무 예쁘게 눈에
> 들어오길래 이 두 편의 글을 하나의 노래로 만들어 주고 싶었습니다.

이날은 다른 아이 노래 한 곡과 이 두 아이 글을 1절과 2절로 해서 또 한 곡을 만들었습니다. 제 마음을 사로잡은 문구는 "마음이 운다"였습니다.

　제가 그토록 외치는 "아이들 마음 좀 들어 주세요"랑 일치했습니다. 이 노래는 요즘도 어린이 글 노래 공연을 할 때면 부르고 있습니다.

봄같은 친구

엄마가 왔다

엄마가 왔다

베트남에서 오랜만에 왔다

엄마 집에서 밥을 먹었다

오늘 참 좋았다

집이 따로 있는데

그건 나도 모른다

엄마 집에서 자면

할머니는 혼낸다

윤 선생님 부탁으로 창녕에서 어린이들과 글쓰기를 할 때였어요.
낙서도 아주 중요한 표현이야.

힘든 일도, 답답한 일도 낙서를 하듯 글로 쓰다 보면 체한 것이 시원하게 내려가듯 나를 괴롭히는 답답한 문제는 어느새 아무것도 아닌 듯 멀리 사라질 수 있을꺼야.

그리고 모든 글은 어려운 문어체보다 쉬운 구어체로 먼저 써 보면 좋은 글을 쓸 수가 있어.

정말이야.

이 어린이들 글로 된 노래를 들어볼래?

봐~ 모두가 말로 이루어져 있잖아 그치?

> 글이 말로 이루어져 있다는 것을 알아채는 순간
> 아이들은 일제히 글을 쓰기 시작했어요.

그중 한 아이의 글이 제 마음을 뜨겁게 하더니 곧이어 눈시울이 흐릿해지며 저의 마음을 후벼파기 시작했습니다.

엄마는 베트남 사람인데 아빠, 할머니와 같이 살지 않는다고 합니다. 가끔 베트남을 다녀오는 엄마는 집에 오면 아이에게 연락을 합니다.

아이는 그날 아빠 집으로 가지 않고 엄마 집에 가서 밥도 먹고 같이 자기도 한답니다. 그러는 날에는 무섭게 말씀하시는 할머니 때문에 힘들다는 내용입니다.

할머니는 엄마 집에 가지 말라고 하시기 때문입니다.

가정사는 모르겠지만 아이 눈과 피부로 체감하는 가족 불화는 말로 표현할 수 없을 만큼 엄청나게 상처가 클 것 같습니다. 초등학교 3, 4학년이 감당하기에는 너무나 가혹한 세상입니다. 그런데도 아이는 이 글을 써서 제게 주었습니다. 이 글을 쓰고 난 후 이 아이는 답답했던 큰 짐 하나를 덜었을 겁니다.

> 제가 만드는 어린이 글 노래는 모든 아이와 함께 불러야
> 글쓴이가 용기를 얻고 응원을 받는 구조입니다.

그러나 이 노래만큼은 공개적으로 불러 줄 수가 없었습니다. 혹여나 놀림감이 되거나 가족 귀에 들어가면 아이가 또 혼이 날 거고, 게다가 학교까지 민원 도가니에 빠질 것 같았습니다.

어린이 글쓰기 노래 만들기를 하면서도 신경을 써야 할 것들이 얼마나 많은지 모릅니다. 글쓰기 현장에 있지 않은 다른 사람들은 오해하기 딱 좋기 때문입니다. 집안 어른들도, 학교 선생님들, 교육청까지 말이에요.

> 내 글로 만들어진 노래를 통해 가족 관계를 회복해요~

저는 이 글을 보며 이 아이가 평생 짊어지고 가야 할 엄마와 가족 관계 회복에 대한 숙제가 보였습니다. 그래서 노래를 지어 주기로 결심을 했습니다. 다음 주 악보를 들고 아이와 함께 둘이서만 불렀습니다. 그리고는 아이에게 선물로 주었습니다.

> 제게는 아이에게 혼자만의 선물로 주는 노래가 참 많습니다.
> 눈물로 자라는 아이라 할지라도 행복할 수 있기 때문입니다.
> 단 한 명의 아이라도 세상에 우뚝 세우고 싶기 때문입니다.

　몇 시간 공들여 아이 마음을 생각하며 노래를 만듭니다. 노래를 만들어 주면 그냥 버리고 가는 아이들이 더 많습니다. 자신의 삶에 애착이 가지 않는 것인지, 멋있는 대중가요보다 못해서 그런 것인지, 이런 노래를 중요하게 생각하지 않습니다.

　그래도 저는 실망하지 않습니다. 벌써 3,000곡이 넘어가지만 저렇게 버려지는 것까지 합하면 훨씬 더 많겠지요. 이 아이도 아마 지금 이 악보를 대수롭지 않게 생각하거나 아니면 일기장 깊숙이 숨겨두었을 수도 있겠지요.

태권도 다리째기

대구 용계초 3학년 김예진

태권도 준비운동 다리를 짼다
다리를 벌리고 허리 굽힌다
내 뒤에 있는 오빠가 비명을 지른다
아 아 아 사범님 아 아 아 사범님
사범님이 내가 있는 쪽으로 오신다
가슴이 콩닥콩닥 휴 지나간다
내 뒤에 있는 오빠가 비명을 지른다
아 아 아 사범님 아아아 사범님

> 몸으로 배운다는 말이 있습니다.

　지식은 글과 말로 머리를 쓰며 배우는 것이기도 하지만, 이 모든 것이 건강한 균형을 이룰 수 있는 방법은 따로 있습니다.
　바로 온몸을 움직여 몸 언어로 몸 글로 채워 나가며 정신을 깨우고 배우는 일입니다. 그래서 옛 선비나 어른들은 집 앞 작은 텃밭을 일구고 글을 쓰면서도 종종 몸을 움직여 정신을 깨우셨나 봅니다.
　번쩍거리며 빠르게 변화하는 화면을 보며 학습하는 시대입니다. 이렇게 학습하다 보면 어느새 글자를 읽으며 깨닫기보다 글자를 보며 듣는 학습이 되어 글자 또한 그림처럼 느껴지기 때문에 이해력이 떨어지기 마련입니다.
　나중에는 글자를 보면서도 입이 안 움직일 수도 있습니다. 이렇게 화면이 범람한 시대일수록 가끔 눈을 돌려 글자가 있는 책을 자주 보기를 원합니다.

> 용계초등학교 3학년 어린이는 태권도 학원에 다니고 있습니다.

　이 어린이처럼 몸을 움직이는 활동은 몸과 마음의 균형을 잡아 주며 건강한 정신으로 성장시킵니다. 본격적으로 태권도를 시작하기 전에 준비 운동을 합니다. 준비 운동 시간에는 다리를 벌리고 허리를 굽혀 다리를 째야 합니다.

　사범님이 이리저리 다니시면서 한 명 한 명 자세를 잡아 주며 허리를 덜 굽힌 친구 허리를 눌러 주시는가 봅니다. 비명소리가 들리는 이유는 사범님이 어떤 오빠 등을 눌러 주기 때문입니다.

　이 짧고 긴장된 순간을 떠올리며 글을 쓴 어린이는 다리가 잘 벌어져서 태권도 발차기 자세가 잘 나오는지 궁금합니다.

> 글쓰기를 지도하시는 어느 선생님은 짧은 순간에 경험하고 느끼고 생각한 것을 글로 적어 보라고 하시더군요.

　허리를 굽히고 주위에서 들리는 소리에 신경이 곤두서 있는 그 순간의 상황이 작곡을 하는 내내 짜릿하게 느껴졌습니다.

태권도 다리째기

폭력이라면 딱 질색이지만

김영창

자전거를 타고 가는데
신호도 씹고 빨리 지나가는
비엠더블유를 보았다
뭐 저런 인간이 다 있어?
하늘을 날아가 그 인간에게
패 주고 싶다 패 주고 싶다
폭력이라면 딱 질색이지만

> 자전거를 타고 학교 앞을 지나가는데~

신호도 지키지 않고 그냥 슝!! 지나가는 자동차 때문에 화가 많이 나 있는 친구입니다. 자칫 잘못했으면 큰 사고가 날 뻔했습니다.

얼마나 화가 났으면 '뭐 저런 인간이 다 있어?'라고 말을 했을까요. 마음은 벌써 하늘을 날아가 패주고 싶었다고 글을 썼습니다. 그러면서도 '폭력이라면 질색이지만'이라고 끝을 맺고 있네요.

어린이들이 다니는 학교 앞 도로에서는 자동차 사고가 자주 일어납니다. 많은 어린이가 목숨을 잃었습니다. 아무리 단속하고 처벌해도 어린이보호구역 자동차 사고 그리고 음주운전 사고까지도 여전히 끊이지 않습니다.

우리 어른들은 어린이가 안전한 세상을 위해 더 애쓰고 노력하겠습니다.

아이야 너를 노래하렴

내게는 아직 한쪽 다리가 있다

주대관(대만 11세)

베토벤은 두 귀가 다 멀었고

두 눈이 다 먼 사람도 있어

그래도 나는 한쪽 다리가 있잖아

난 지구 위에 우뚝 설 거야

헬렌켈러는 두 귀가 다 멀었고

두 다리를 못 쓰는 사람도 있어

그래도 나는 한쪽 다리가 있잖아

난 아름다운 세상을 다 다닐 거야

> 주대관 어린이는 1997년 5월 18일 소아암으로
> 짧은 생을 살다 간 대만의 어린이입니다.

　투병 생활 중 혼이 담긴 시와 그림을 많이 남겼습니다. 대관이의 유언에 따라 아버지는 그의 글과 그림을 엮어 책으로 내었습니다. 이 글을 읽은 전 세계의 많은 이들은 감동의 눈물을 흘렸습니다.
　엄마, 아빠 그리고 동생 상관아!
　암에 걸렸지만 용기를 잃지 않고 암과 끝까지
　싸워 나간 어린이가 있었다고 전해 주세요.

> 책이 서점에 나오는 날 책을 구입해서 읽었습니다.

　눈물이 감동의 바다가 되어 흘러내렸습니다. 80~90년을 살면서도 사람들에게 온갖 피해를 주고 인류에 해악이 되는 사람이 있는 반면, 견디기 힘든 병상에서 1년을 살아도 전 세계 사람들에게 감동과 생의 뜨거움을 전해 주는 사람이 있습니다.

　나는 어떤 사람이 되어야 할지 깊은 생각에 잠깁니다.

내게는 아직 한쪽다리

장애인의 호떡

중학교 3학년 김현정

횡단보도에 아줌마가 호떡을 팔고 있었다
간판을 보니
청각장애인이니 수화나 손으로 표현해 주세요
라고 써 있었다

우리가 청각장애인이라면 불편하고 괴로웠을 텐데
장애인들한테 잘 대해 줘야 한다
공동체 사회를 만들려면

말을 못 해도 못 들어도 안 보여도 사람이다
돌아보면 도와줄 장애인이 얼마나 많을까
횡단보도에 아줌마가 호떡을 팔고 있었다
돌아오는 길 맘속으로 기운 내세요. 아줌마

> 3학년 현정이는 학교를 마치고 집으로 돌아가는 길이었습니다.

횡단보도에 서서 신호를 기다리면서 큰 깨달음을 얻었습니다. 공동체 사회라는 것은 어떠해야 하는지와 누구나 평등하다는 것을 말이에요.

호떡을 팔고 계시는 청각장애인 아주머니를 보며 장애와 비장애를 넘어 편견이 없는 사회 통합을 고민했습니다. 그리고는 집으로 와서 연필을 들어 바로 글로 써 내려갔습니다.

어떠한 이유라도 차별은 없어야 합니다. 차별 없는 사회를 응원하는 아이의 예쁜 마음이 이 세상에 꼭 전달됐으면 좋겠어요. 우리가 함께 해야 할 장애인들은 어떤 분들인지 주위를 돌아볼까요?

횡단보도에 아줌마가 호떡을 팔고 있었다
간판을 보니 청각장애인이니 수화나 써 있었다
손으로 표현해 주세요
우리가 청각장애인 이라면 불편하고 괴로웠을텐데
장애인들한테 잘 대해줘야 한다 공동체 사회를 만들려면
말을 못해도 못들어도 안보여도 사람이다
돌아보면 도와줄 장애인이 얼마나 많을까
횡단보도에 아줌마가 호떡을 팔고 있었다
돌아오는 길 맘 속으로 기운 내세요 아줌마

장애인의 호떡

• 99 •
아이야 너를 노래하렴

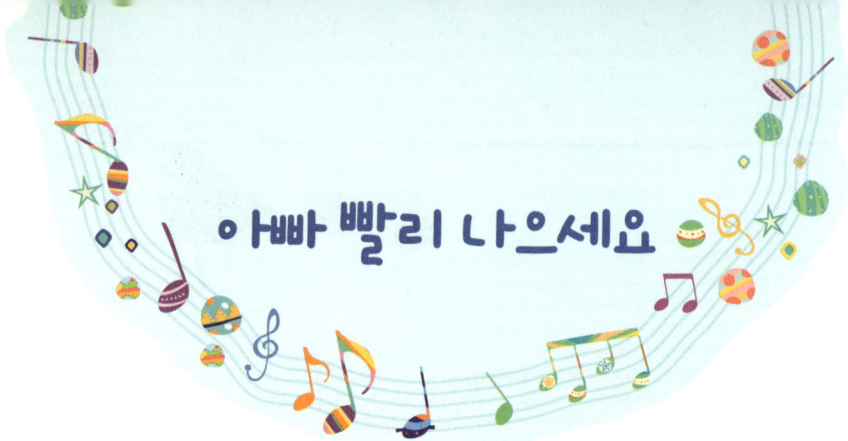

아빠 빨리 나으세요

대구 동천초 2학년 장예원

비가 많이 내리던 새벽에

아빠가 일을 하러 가시다

넘어지셨다 한다

아빠는 괜찮으시다고 하시지만

걱정이 된다

비가 너무 많이 와서

미끄러지셨나 보다

비야 오지 마라

많이 오지 말아라

아빠 사랑해요

빨리 나으세요

> 아이는 어린이 글 뮤지컬 방과후 수업을 하다 말고 아빠가 입원하셔서
> 병원에 가 봐야 한다며 일찍 집으로 갔습니다.

그다음 주 방과후 수업 시간에 친구가 말을 해 주어서 알게 되었습니다. 그 어린이 아빠는 신문 배달을 하신다는 것을요. 그것도 위험한 오토바이로 집집마다 다니신다는 것을요.

추운 겨울에도, 폭설이 내리는 날도, 뜨거운 여름에도, 억수같이 내리는 장마철에도 신문을 배달하십니다. 그러다 결국 비가 많이 내리던 날 새벽에 미끄러져서 많이 다치신 것 같습니다.

병원에 입원하실 정도면 얼마나 많이 다치신 건지 알 만합니다. 아빠는 아이에게 괜찮다고 걱정하지 말라고 했답니다. 그래도 아이는 아빠가 걱정된다고 합니다. 그러면서 비가 많이 내리지 않기를 바라고, 사랑하는 아빠가 빨리 낫기를 바랍니다.

> 저도 매일 새벽에 신문을 받아 봅니다.

새벽이 되면 늘 들리는 소리가 있습니다. 부르릉하는 오토바이 소리와 끼이익~ 하는 브레이크 소리에 이어 툭~ 하는 소리가 들립니다. 네~, 바로 우리 집 마당에 신문 뭉치가 떨어지는 소리입니다.

신문지국 아저씨가 오늘 소식을 갖고 오시는 반가운 소리입니다. 저도 비가 내리면 신문지국 아저씨가 걱정됩니다. 다치지나 않을까, 사고가 나지는 않을까 말이에요.

신문 배달 아저씨 참 고맙습니다. 오래오래 건강하게 다치지 말고 좋은 소식 전해 주세요

아이야 너를 노래하렴

침대에 누우면

상주 상영초 1학년 구나윤

방에서 공부하는데 힘들어서 침대에 누웠다
그때 엄마가 들어오셨다
"공부 좀 해라 공부 좀 해라"
다시 공부를 하는데 힘들어서 또 침대에 누웠다
그때 엄마가 들어왔다
"아직도 누워 있네. 빨리 공부해"

> 1학년 어린이가 쓴 글입니다. 세상에서 제일 억울한 글입니다.

방에서 일기를 쓰려고 하는데 너무 피곤했나 봅니다.
집으로 오기 전에 재밌게 놀았는지, 학원에 있었는지 몰라도 일기를 조금 쓰다가 잠시 침대에 누웠는데, 하필 그때 엄마가 들어오신 거군요. 문을 열자마자 "공부 좀 해라"라는 말씀을 하셨으니 좀 억울했겠네요.

　피곤하지만 겨우 몸을 일으켜서 일기를 쓰는데 도저히 못 견딜 정도로 힘들었나 봐요. 그래서 잠시만, 아주 잠시만 침대에 누웠습니다. 그런데 하필 그때 또 엄마가 문을 벌컥 열고 들어오셨네요.

　누워 있는 모습을 보자마자 '아직도 누워있네. 빨리 공부해~'라고 말씀하셨으니 정말 억울했겠습니다.
　우리 친구들도 이렇게 억울할 때가 많았지요?
　친구들은 이럴 때 어떻게 대처하나요?

침대에 누우면

아이야 너를 노래하렴

아빠의 슬픈 일기

예천 풍양초 6학년 권민성

어느 날 난 아빠의 중학교 일기를 봤다
근데 나도 모르게 눈물이 났다
창밖을 지나가는 커플들한테 욕하고
친구 커플들한테 욕하는 일기
아빠는 모태솔로였구나
아빠는 왜 그렇게 살까
나는 아빠처럼 안 되어야지 생각했지만
나도 역시 아빠 아들인 것 같다

부모님이 어릴 때 쓰신 일기~

아빠 일기를 우연히 보게 된 건지, 아빠가 보여 주신 건지, 몰래 본 건지 모르겠습니다. 하지만 부모님이 어릴 때 쓰신 일기를 함께 읽는 모습을 통해 가족이 얼마나 화목하고 다정한지 알 듯합니다. 그리고

부모님과 대화도 많이 하겠다고 생각했습니다.

　부모님 일기를 본 아이는 일기가 어른이 되어서도 읽을 수 있다는 것을 알게 되었어요. 아빠는 자신이 어릴 때 쓴 일기를 보여 주면서 얼마나 뿌듯하셨겠어요. 그것도 중학교 때 일기를 말이에요.

　일기를 후손들에게 보여 줄 수 있다면 우리도 얼마나 뿌듯하겠어요? 이제부터 일기를 쓸때는 후손에게도 보여 줄 것을 생각하고 제대로 써야겠어요.

일기 쓰기가 힘든 친구들은 노래 "일기가 싫은 사람 손 들어 보세요."에 있는 글을 읽어보면 일기를 쉽게 쓸 수 있을거예요.

> 친구 글에서 참 재미있는 것은...

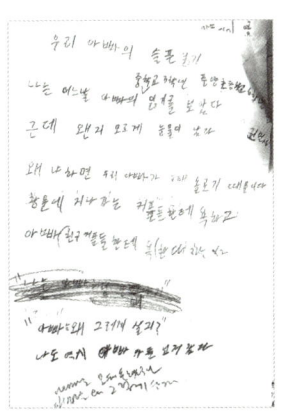

아빠 방 위치가 연인들이 많이 지나가는 골목이 보이는 곳이라는 거에요. 중학교 때 연인들이 지나가며 나누는 이야기를 들으면서 부러워했을까요? 싫어했을까요?

　그런데 아빠 일기에 연인들한테 욕을 막 하셨다는 걸 보면 아빠는 솔로였다는 거겠지요.

그리고 아이는 아빠가 모태솔로라고 안타까워하면서도 자신의 처지도 아빠 못지않다는 것을 말해 줍니다.

아빠의 슬픈 일기

대역죄인

예천 풍양초 4학년 김윤환

내가 어떤 일을 하다 실수를 했을 때
어른들의 잔소리가 흘러 나온다
아니 너는 다 큰 게 실수밖에 못하니
어른들은 다 우리를 위한 말이란다
내 귀엔 그냥 화내는 소리로만
내 귀엔 그냥 화내는 소리로만
하도 잔소리를 오래 듣다보면
내가 대역죄인이 된 기분

> 누구나 일을 하다 보면 실수를 합니다.

특히 어린이는 어른보다 실수를 더 많이 할 수 있습니다. 이 어린이는 아마도 집안일을 함께하거나 어른들 일을 도우려 하다가 이런 소리를 들었는가 봅니다.

아빠 시대의 열한 살과 지금의 열한 살은 다를 수 있습니다. 어른들은 말하겠죠.

> "내가 열한 살 때는 말이야~~"

그러면서 지금 열한 살을 나무라시겠죠. 어른들은 실수를 하는 아이에게 "다 너를 위한 말"이라고 둘러대겠군요. 하지만 아이는 이미 화내는 소리에 주눅 들었습니다. 마치 대역죄인이 된 듯 고개를 숙이며 용기를 잃어버릴 수 있습니다.

이 어린이 글을 읽으며 곰곰이 생각해 보았습니다. 저 또한 우리 아이에게 아픈 말들을 하지 않았는지 말이죠.

대역죄인

아이야 너를 노래하렴

시인 최춘해

도시에 가서 살고파

할머니 우리도 도시로 가요

차 타고 편하게 살아요

힘든 일 안 해도 되잖아

멋진 건물 사이로 달리는 자동차와 높은 아파트

아름다운 옷을 입고서 예쁜 꿈 키우고 싶어요

흘리는 땀을 보아라 가슴이 뿌듯해지잖니

네가 흙을 떠나고 살면 어디서 이 맛을 보겠니

맑은 공기 맑은 흙냄새 싹이 트고 자라는 생명

꽃이 피고 열매를 맺는 이런 꿈 키우고 싶잖니

> 1991년 계명대학교 정문에 위치한 '우리 복사' 가게 앞 쓰레기통에서 우연히 쪽지 하나를 주웠습니다.

그게 저에게는 한낱 종이 쓰레기가 아니었습니다. 눈이 번쩍 뜨이는 멋진 시였습니다. 정말 아름다운 시였습니다. 그대로 곡으로 쓰기가 어려워서 제가 조금 다듬어 곡을 붙였습니다. 쓰레기에서 보물을 주운 것이지요.

그런데 문제는 그 시를 쓴 사람을 몰랐습니다. 작사가 란을 비워 두어야 했습니다. 작사가를 찾아 나섰습니다. 종이 바깥쪽에 살짝 보인 '상주아동문학회'가 실마리가 되긴 했지만 쉽지 않았습니다. 동요 공연을 다니는 곳마다 작사가를 찾아 달라는 부탁을 했습니다.

그로부터 23년이라는 세월이 흐른 어느 날 우연히 작사가를 찾게 되었습니다. 2014년 어느 날 임성무 선생님이 경북아동문학회에 급히 와 보라고 연락을 주셨습니다.

> "찾고 있는 작사가를 혹시 그곳에서 만날 수 있을지 몰라."

모든 일 팽개치고 달려갔습니다. 평소 알고 지내던 서정오 선생님, 이호철 선생님, 윤태규 선생님을 만났습니다. 그리고 쟁쟁하신 아동문학가 어르신들도 뵈었습니다. 경북문학회는 이오덕 선생님이 앞장서

서 만든 단체였습니다.

그날 그 자리에서 제가 '흙'이라는 시로 노래를 만들었는데 그 시를 쓴 시인을 찾고 있다고 말씀드렸더니 그 자리에 계시던 최춘해 선생님이 노랫말을 보시더니 자신이 쓴 시라고 하시는 게 아니겠어요.

세상에! 기뻤습니다. 선생님 손을 꼭 잡았습니다. 눈물이 다 나오려고 했습니다. 이틀 뒤 선생님 댁으로 갔습니다. 선생님은 '흙' 연작시가 실린, 성경책만큼이나 두꺼운 책을 내놓으셨습니다.

흙 42번, 제목 〈일하는 재미〉 1975년 작

> '할머니 우리 도시에 가서 살아요.'

이렇게 시작하는 시를 찾았습니다. 저는 너무 기뻐서 눈물을 흘리고 말았습니다. 선생님과 사모님과 함께 노래하고 사진도 찍고 모두가 신이 났습니다. 선생님 스마트폰으로 녹음도 하고 녹화도 하였습니다. 저는 노래를 부르고 또 불렀습니다. 그리고 진심을 담아 사죄를 드렸습니다. 글쓴이 허락도 없이 곡을 붙여 23년이나 노래를 불렀다고 말입니다.

　노래가 끝날 때마다 박수로 화답해 주시는 선생님과 사모님이 지금도 생생하게 떠오릅니다. 아쉬운 마음으로 집을 나섰습니다. 선생님은 골목 끝까지 배웅해 주셨습니다. 선생님은 차가 보이지 않을 때까지 가로등 불빛 아래서 손을 흔들고 계셨습니다.

　최춘해 선생님, 고맙습니다. 건강하세요. 그리고 오래오래 사세요. 올해 어린이 글노래잔치 만들어 꼭 모시겠습니다.
　23년 그리움을 기쁘게 기쁘게 담아서 작사가 란을 고쳤습니다.

'상주아동문학'에서 '최춘해'로

노래를 들어보면 최춘해 선생님 말씀이 들리는 듯합니다.

"흙에서 일하는 재미가 참 좋지?"

　1975년에 쓴 시를 1991년에 우연히 만나 곡을 붙이고, 2014년에 또 우연히 시인을 만났고, 2020년에 음반을 만들었어요.

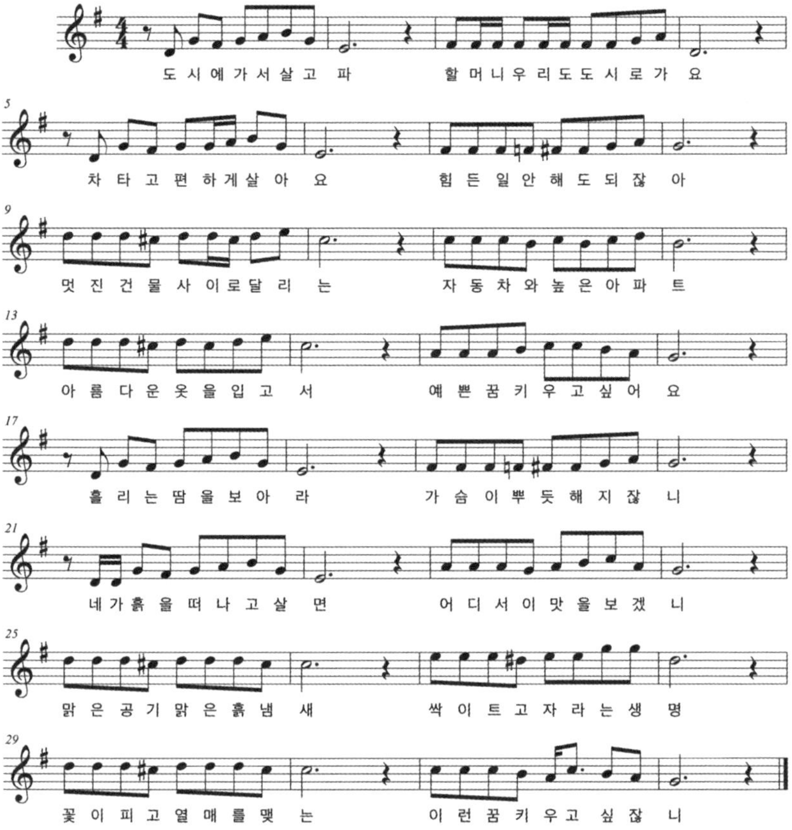
도 시 예 가 서 살 고 파 할 머 니 우 리 도 도 시 로 가 요
차 타 고 편 하 게 살 아 요 힘 든 일 안 해 도 되 잖 아
멋 진 건 물 사 이 로 달 리 는 자 동 차 와 높 은 아 파 트
아 름 다 운 옷 을 입 고 서 예 쁜 꿈 키 우 고 싶 어 요
흘 리 는 땀 을 보 아 라 가 슴 이 뿌 듯 해 지 잖 니
네 가 흙 을 떠 나 고 살 면 어 디 서 이 맛 을 보 겠 니
맑 은 공 기 맑 은 흙 냄 새 싹 이 트 고 자 라 는 생 명
꽃 이 피 고 열 매 를 맺 는 이 런 꿈 키 우 고 싶 잖 니

흙

놀고 싶어

대구 서부초 3학년 박현우

공부하는 시간은 긴데 노는 시간은 왜 짧지

빨리 학교 가

걷는 게 싫어 오늘도 지각을 했다

놀고 싶은데 숙제 때문에 나는 놀 수가 없다

씻고 밥 먹고 양치하고 빨리 자

하라는 것 다 했는데

빨리 자기나 해

나는 언제쯤 맘껏 놀 수 있을까

> 제가 만든 노래에는 사람이 직접 말하는 듯한 노랫말이 자주 나옵니다.

말이 곧 생명의 근원이며 사람을 사람답게 하는 것이라고 생각하기 때문입니다.

대구광역시 비산동 희년공부방에서 어린이들과 노래를 만들어 부르기 위해 함께 글을 쓰고 있었습니다. 첫째 날에 저는 어린이들에게 글을 쓰기 힘들다면 말을 하듯 써 보거나 말을 넣어보면 쉽게 글이 된다고 말해 줬습니다.

　둘째 날이 되자 현우는 집에서 썼다며 글을 들고 왔습니다. 뚜렷하게 돋보이는 글은 아니지만 말하듯 쓴 글이 많이 들어 있었고 요즘 어린이들 모두가 공통으로 느끼는 문제라서 노래로 만들었습니다.

　셋째 날, 우리는 현우 노래를 목이 터져라 신나게 부르며 녹음도 하고 영상을 찍어 유튜브에도 올렸습니다. 어린이들은 자신들 이야기가 담긴 이 노래로 현실 불만을 해소하기라도 하는 듯 얼굴이 빨갛게 되도록 불렀습니다.

　마칠 때 즈음 현우는 불만이 있다고 나에게 말했습니다. 글 마지막 부분은 왜 노래로 안 만들었냐고 따지듯 물었습니다. 나는 왜 그런 말을 하는지 알고 있었습니다.
　그래서 현우에게 사정을 이야기했습니다. 그 가사를 지금 어른들에게 노래로 불러 버리면 너는 부모님에게만 혼나면 되지만 나는 더 많은 사람에게 혼날지도 모른다고 하며 한 가지 제안을 했습니다. 이 노래가 혹시 잘 되어서 유명하게 된다면 노래로 만들지 못한 그 마지막 부분 글을 2절로 만들어 넣어 주겠다고 약속을 하고는 헤어졌습니다.

　지금 이 노래는 제 강의와 공연의 제목인 "아이야 너를 노래하렴"에서 대표곡이 되어 가는 곳마다 전국에서 울려 퍼지고 있습니다. 이제 현우와 약속대로 2절을 만들어 넣어야겠습니다. 마지막 부분 글은 이렇습니다.

"나는 오늘도 침대에서 울면서 잠이 들었다"

> 사람이나 동물이나 어린이에게 있어 노는 것이
> 어른이 되어 가는 과정이고 학습입니다.

　어린이들은 어른의 감시와 통제 속의 시공간에서 노는 것을 놀이라고 여기지 않더라고요. 특정한 놀이가 없더라도 그냥 친구들과 같이 있고 싶어합니다. 그것이 또래 집단이든 아니든 말이에요.

　무엇인가 유무형 놀이를 기획해 만나는 것이 아니라 만나서 그냥 놀다 보면 놀이가 제안되고 기획되고, 그렇게 그냥 놀다 보니 해가 져서 지는 해를 보며 아쉽게 헤어지는 것이라고 어린이들은 말합니다.

　어른들은 어린이들이 "논다"라고 했을 때 마치 계약노동을 하는 것처럼 제안서, 기획서, 결과보고서 같은 무언가를 바라고 요구한다는 겁니다. 그러나 이런 것은 아이들에게 감시이고 통제입니다. 우리는 어린이들 놀이에 너무 많은 의미를 부여하지 않았으면 좋겠습니다.

어른들이나 연인들은 식당에서 밥 먹고, 술 마시고, 커피 마시는데 제안서, 기획서, 결과보고서를 쓰지는 않잖아요?

그냥, 그냥, 그냥이잖아요.

얼마나 죽어야 끝날까

이종일

얼마나 많은 나무가 죽어야 전쟁이 끝이 날까
얼마나 많은 아이가 죽어야 전쟁이 끝이 날까
어른들은 전쟁을 하면서 아이들은 생각지도 않아
어른들은 맘대로 죽일 때
아이들의 눈물을 보나요
화해 하세요 악수 하세요
아이들을 위해 살아있는 생명을 위하여

얼마나 많은 집이 무너져야 평화가 찾아 올까
얼마나 많은 눈물을 흘려야 사랑할 수 있을까
어른들은 전쟁을 하면서 아이들은 생각지도 않아
어른들은 맘대로 죽일 때
아이들의 눈물을 보나요
화해하세요 악수하세요
아이들을 위해 살아있는 생명을 위하여

나라와 나라끼리, 동족 속 부족끼리, 지역과 지역끼리, 세계가 온통 전쟁 소식으로 뜨거운 21세기입니다. 저마다 손익을 구실로 전쟁을 말합니다.

우리나라도 예외는 아닙니다. 우리나라는 지구상 마지막 남은 분단 국가입니다. 좀 더 정확히 말하자면 종전을 하지 않았기 때문에 여전히 전쟁 중인, 전쟁 위험국인 휴전 국가입니다.

전쟁은 참으로 참혹합니다. 얼마 전 시리아 내전으로 난민들이 배를 타고 바다를 건너다 많은 이들이 빠져 죽었다는 사고 소식에도 놀랐지만, 아일란이라는 3살짜리 어린아이가 파도에 떠밀려 와 바닷가에 엎드려 죽어 있는 모습을 보고는 가슴이 먹먹했습니다.

전쟁은 합법으로 생명을 죽일 수 있는 것이라고 합니다. 전쟁 앞에 인권과 존엄은 없습니다. 전쟁 앞에 힘없이 쓰러져 가는 아이들을 보면서도 우리나라 어른들은 상황이 조금만 불리하면 전쟁을 거들먹거립니다.
아니 전쟁을 부추기는 말과 글과 행동을 하기도 하고 마치 상대를 자극해 전쟁을 원하기나 하는 것처럼 자랑스럽게 떠듭니다. 전쟁은 언제나 정치인이 시작하지만 고통은 약한 자들 몫입니다.

전쟁은 그것으로 이익을 보는 집단이 시작하지만,
그 눈물은 어린아이, 노인들과 약자들 몫입니다.

전쟁의 위험은 총구에서 오는 것이 아니라 입에서 나오는 말에서 비롯됩니다. 생명을 사랑하는 어른들이라면 그런 말을 함부로 하면 절대 안 됩니다.

독립군 장교였던 작은할아버지는 6·25 때 장교로 싸우시다가 희생을 하셨다고 들었습니다. 그렇다 하더라도 평화를 위한 전쟁이란 말은 없습니다.

전쟁을 안 해야 평화가 오는 것입니다.

> 2000년에 평양 학생소년예술단이
> 남쪽에 와서 공연을 하며 노래를 불렀습니다.

제가 운영하던 '대구 아름나라어린이예술단' 단원들 앞에서 '반갑습니다', '휘파람', '다시 만납시다'라는 노래를 불러 보았습니다. 처음 접하는 노래라서 그런지 어린이들은 이내 눈빛이 달라지고 경계하기 시작했습니다. 그리고는 거의 같은 소리를 내며 야유를 보내는 것이 아니겠습니까?

"우리나라 노래가 아닌데 왜 부르느냐!"
"우-우- 부르지 말자"

"선생님이 이상하다!"

어린이들에게는 어른들보다 더 심각한 '레드콤플렉스'가 존재하고 있었습니다. 우리가 그동안 어린이들에게 행한 통일교육의 결과였습니다. 어른으로서 어린이들에게 얼마나 미안했는지 모릅니다. 제 자신이 과거 통일운동 단체에 몸담고 있었다는 것이 더더욱 더 부끄러웠습니다.

같은 말을 쓰고, 같은 노래와 놀이를 하고, 같은 춤을 추며 살아가는 어린이들에게 더 이상 전쟁 공포가 없는 세상을 물려주어야겠습니다.

아이야 너를 노래하렴

남양초 1학년 우여울

엄마가 화낸다

난 엄마 말대로 다 했는데

엄마가 화내서 울었다

나는 슬펐다 엄마가 미웠다

그래도 눈물을 그쳤다

하지만 하지만 더 울고 싶었다

> 고승하 선생님께서 '아름나라'라는 이름으로
> 저에게 소중한 상을 주셨습니다.

선생님이 만드신 '경남 어린이 이쁜노랫말 대회'는 2014년부터 열리고 있습니다. 이 노래는 2019년 제6회 대회에서 저에게 배당된 글로 만든 노래입니다.

어린이는 한번 울면 감정이 풀릴 때까지 시원하게 울어야 된다는 것

을 우여울 어린이 글 때문에 알게 되었습니다. 그것도 모르고 "뭘 잘못했다고 울어?", "뚝 그쳐!", "그만 울어 뚝!"이라며 다그치기만 했던 제 모습을 반성하는 노래입니다.

> 1989년 가을, 학교를 관둘 때 했던 맹세는 아직도 잊지 못합니다.

'앞으로 어떤 음악을 할까?' 고민이 많았습니다. 다른 학우들은 모두 중간고사 시험을 보러 학교 언덕을 올라가는 이른 시간에 저는 학교 앞 감천식당 문을 열고 들어가 의자에 앉아 어디서 구해왔는지 모를 촛불을 켰습니다.

'나는 무엇을 해야 하나?',
'어떻게 살아야 하나?'
깊은 상념에 잠겼습니다.
얼마나 긴 시간을 그렇게 있었는지 모릅니다.

그 당시 학생들과는 어울리지 않게 생각도 느렸고, 공부도 못했고, 작곡도 배운 적이 없었기에 오랫동안 글과 노래와 싸움을 하는 것이 버릇이었습니다.

아무리 애를 쓰며 발버둥을 쳐도 좋은 노래는 만들지 못하고 선배들에게 놀림을 당하기 일쑤였습니다. 두뇌 회전도 안 되고 실력도 없는 사람이 미래를 고민하는 깊은 생각을 하려니 자연히 오랫동안 생각에 잠길 수밖에 없었습니다. 두 시간이 조금 지났을 무렵 저는 스스로에게 이렇게 말했습니다.

> 사람들이 '자신의 노래'를 하게 해야 해.
> 아이나 어른이나 노인이나 자신을 노래해야 해.
> 자기 삶의 주인이 되는 그런 노래 모임도 많이 만들어야 해.

지금 생각하면 참 보잘것 없고 우습기도 하고 앞이 캄캄한 그런 생각을 왜 했는지 모르겠습니다. 아마 다른 사람이었으면 고민을 시작하여 10분 정도면 더 멋있는 생각으로 결론을 내렸을 겁니다.

하여튼 결정을 내렸으니 뒤도 돌아보지 않고 기타를 메고 서부정류장으로 갔습니다. 바로 시외버스를 타고 경남 창녕에 있는 화왕산을 올랐습니다. 갑자기 잠적한 못난 선배를 찾아 후배들이 찾아올 때까지 한참을 거기서 머물러 있었습니다. 그 뒤로도 자주 곡을 쓰고 싶을 때나 생각하고 싶을 때면 화왕산을 찾곤 하였습니다.

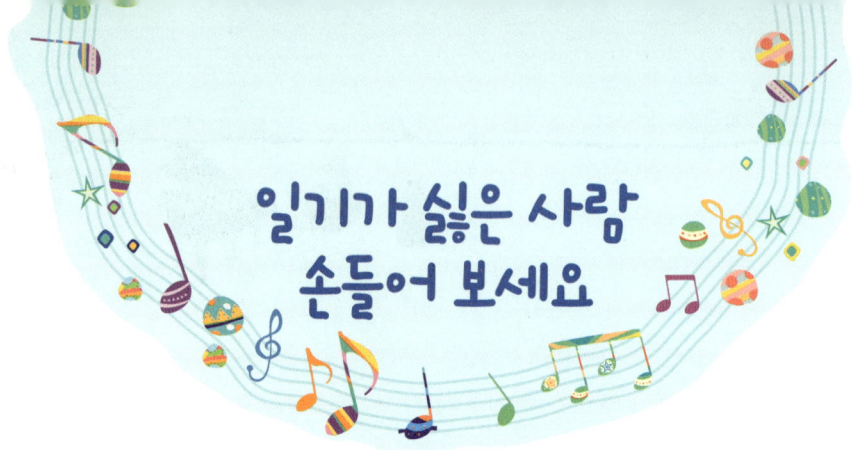

일기가 싫은 사람 손들어 보세요

대구 동천초 1학년 최서연

난 일기가 싫다
일기를 적을 때면
속이 울렁이고 짜증을 내고 싶다
화를 꾹꾹 참는다 그러다 못 참으면
소리를 마구 지른다
나 일기 안 쓸래
일기가 싫은 사람 손 들어 보세요

 대구 범어사거리 가까운 곳에 동천초등학교라는 곳이 있습니다. 이 학교에서 '어린이 글 노래연극부'를 맡아 지도하고 있을 때였습니다. 우리 연극부는 항상 인원이 차고 넘쳤고 어린이들 글도 차고 넘쳤습니다. 어린이들이 글을 즐겨 쓰게 된 이유는 글을 써 온 어린이마다 노래를 한 곡 이상씩 무료로 만들어 주었기 때문이었습니다.
 저는 교가, 사가, 로고송을 섭섭하지 않은 가격으로 만들어 주곤 하

지만 어린이 글은 돈을 받지 않는다고 말하였더니 일기를 한 권씩 들고 오더라고요. 쪽지로 들고 오기도 하고요. 심지어 어떤 어린이는 유치원 때부터 썼던 그림일기를 한 짐 지고 학교에 왔더라고요.

서연이는 선생님이 일기 검사하는 것을 알고는 선생님께 보이려고 일기를 썼더라고요.

서연이는 일기 쓰기가 왜 힘든지를 설득력 있게 잘 적어 놓았어요. 마지막에는 아예 반 친구들에게 낭독이라도 하라고 한 것 같은데요. 아마 선생님께서 낭독하셨다면 반 어린이들 모두 저요! 저요! 하고 손을 들었을 것 같습니다. 고함치며 손을 드는 광경이 눈에 보이는 글이었어요.

> 일기는 일지와 달라서 하루를 살면서 일상과 광경 속에서
> 내 마음에 스며드는 생각을 기록하는 것이라고 합니다.

하루를 돌아보면서 반성하거나 깨달은 것을 잃어버리지 않게 기록하는 것이라고 합니다. 이렇게 반복하다 보면 하루를 정리하는 문장이 하나둘 생기게 됩니다.

일기를 억지로 쓰려고 마음을 잡고 앉으면 오늘 무엇을 했는지 아무런 생각이 안 날 수도 있습니다. 특히 표현하는 것과 글 쓰는 것이 괴로운 어린이에게는 이 시간이 하루 중 가장 힘든 시간일 것입니다.

어린이들이 어른처럼 메모하는 습관을 가지기는 힘이 들겠지만 일

기문을 미리 메모한다고 여기며 순간순간 깨달은 것을 메모하는 습관도 좋습니다.

> 일기 쓰기 힘들어하는 어린이들에게
> '일기를 3분 만에 쓰는 법'을 알려 드리겠습니다.

그럼 연습을 한번 해 볼까요?

> 1. 먼저 A4용지나 이면지를 세로로 들고 위 아래로 반으로 접습니다.
> 2. 접혀 있는 중앙에 스마트폰 크기로 네모를 그려봅니다.
> 3. 그린 네모 칸 안에 오늘 하루 동안 들은 소리나 들은 말 중에 특별히 기억나는 것을 적어 봅니다.
> 4. 그리고 그 네모 칸 위, 빈 공간에 언제, 무엇하다가, 왜 이런 소리나 말을 듣게 되었는지 적어 봅니다.
> 5. 마지막으로 네모 칸 아래, 빈 곳에다가 그 소리와 말을 듣고 난 뒤 어떤 일이 일어났고 내 마음은 어떤 변화가 있었는지 적어 봅니다.

이렇게 하다 보면 벌써 10줄 넘게 쓰게 된 자신을 보게 될 겁니다. 일기 참 쉽죠? 관찰 일기나 일지 같은 일기는 나중에 커서는 다시 보고 싶지 않겠지요?

그러나 이처럼 말이나 소리가 이야기로 들어간 일기는 생명이 있어 자꾸 펼쳐 보고 싶어질 겁니다.

　나중에 커서 어떤 막다른 길에 서게 되거나 힘들어 지쳐 있을 때 오늘 쓴 이 일기를 꺼내 다시 읽어 보세요. 읽다 보면 어느새 넘어지고 쓰러진 훗날의 나에게 다시 일어설 힘과 용기가 불쑥 생겨나리라고 확신합니다.

일기가 싫은 사람

이런 기분은 뭐지?

백운초 1학년 곽민서

숙제를 안 해서 혼날 것 같았다
그런데 엄마가 혼을 안 내
이상하다 혼낼 것 같았는데
나는 잠깐잠깐 어리둥절
그런데 이런 기분은 뭐지

> 어린이신문 굴렁쇠 이야기

광주대학교 김찬곤 교수님은 1998년 5월 5일 어린이신문 〈굴렁쇠〉를 창간하시어 꾸준히 발간하셨습니다. 대구에 있는 저로서는 어린이가 중심이 된 어린이신문을, 그것도 광주에서 만든 신문을 받아 본다는 것은 큰 기쁨이었습니다.

대구에 가만히 앉아서 전국 각 지역의 어린이 소식을 듣는 것이 참 좋았습니다. 어린이 문제를 고민하고 해결점을 모색하려고 애쓰시는

김찬곤 교수님 모습에 깊은 감동을 받았습니다. 그러던 중 대구에서 굴 렁쇠신문을 담당하던 구경래 형이 제 활동을 취재하여 굴렁쇠 본사에 보냈습니다.

신문이 배달되는 날 저는 숨이 멎을 뻔했습니다. 저의 기사가 1면에 크게 실려 있었으니 얼마나 놀랐겠어요? 그러던 신문이 2006년 갑자기 폐간되어서 무척 놀랐고 슬펐습니다. 홍보를 열심히 하지 않은 내 잘못인 것 같았습니다.

그러나 그 신문 속, 선생님 글들은 어린이들 글을 바라보는 제 시각과 활동에 크나큰 영향을 끼쳤습니다.

한참을 지나 2019년 여름

김찬곤 교수님께서 어린이 글쓰기 수업 시간에 쓴 예쁜 글을 에스엔에스(SNS)에 올려 놓은 걸 보게 되었습니다. 선생님 성함이 반가웠고 어린이 글도 반가웠습니다.

저는 얼른 곽민서 어린이 글에 곡조를 붙여 선물로 보내 드렸습니다. 몇 달이 지나 가을이 되었습니다. 드디어 김찬곤 교수님을 만나게 되었습니다. '아름나라' 고승하 선생님께서 주최하시는 '풀꽃동요상'을 받는 자리에서 둘 다 상을 받는 사람으로 만나게 되었습니다. 만날 사람은 만난다는 말은 이런 일을 두고 하는 말 같았습니다.

굴렁쇠는 저에게 큰 영향을 끼치고 사라졌지만 여전히 제 마음 깊은 곳에 살아있습니다. 대구에서 굴렁쇠를 담당하던 구경래 형도 굴렁쇠를 못 잊었는지 굴렁쇠여행사를 만들어 아직도 재밌게 여행을 다닌다고 합니다.

풀꽃동요상

이 상은 2011년 풀꽃 김용희 여사께서 아름나라 고승하 선생님의 어린이 글노래 활동에 감명받으셔서 사재 1억원을 기부하시어 제정한 상입니다.
김용희 선생님은 1928년 황해도 옹진에서 태어나 해방 후에 유통업을 하시다 한국전쟁으로 부산으로 내려가 국제시장에서 가게를 운영하셨습니다. 그러다가 다시 서울로 올라가 특유의 근면함을 바탕으로 바느질로 사업을 일구신 분입니다. 1965년 부터 남편과 함께 마산에 사시면서 '풀꽃동요상'을 만드셨으나 몇 년 지나지 않아 별세하셨다고 합니다.

아이야 너를 노래하렴

삼척 서부초 4학년 이유빈

우리 교실 창가에 파란 꽃 달개비 꽃

창문으로 넘어오는 바람에

살살 흔들린다

파란 꽃이 참 예쁘게도 흔들린다

초등학교 2학년 때까지는 책보를 허리에 매고 학교에 다녔습니다.

    책보란 큰 보자기에 책과 필통과 도시락을 넣고 예쁘게 말아 허리에 차는 것이었습니다. 아침에 일어나 10리 길, 4㎞ 거리의 학교에 가려면 빨리 움직여야 했습니다.

    윗동네 삼덕이는 날마다 저보다 먼저 학교에 갔습니다. 삼덕이가 지나가면 어머니는 집 마당에서 아래를 내려다보시며 항상 "삼덕이 벌써 학교 간다. 너도 빨리 가라." 하며 재촉하셨습니다.

    보현산인지 범산인지 아주 높은 산은 자주 안개가 끼어 있었고 마당

을 나서면 염소우리 부근에 파란 꽃들이 줄지어 피어 있었습니다. 한 시간을 걸어갔다가 다시 한 시간을 걸어와야 하는 학교길이 참 멀었습니다. 저는 이슬을 머리에 이고 마당 한 켠에 가만히 있는 닭의 장풀들이 부러웠습니다.

> 우리 부모님은 염소를 50마리 정도 키웠습니다.

그 염소우리 안쪽에는 닭들이 올라가 잠 잘 수 있는 횃대가 있었고 그 옆에는 짚으로 짠 알을 품는 바구니가 있었습니다.

우리 식구들은 한 방에서 잤습니다. 어느 날엔가 어머니에게 많이 혼나고 서러운 마음에 혼자 방을 나와 닭장에 갔습니다. 알을 품고 있는 암탉을 밀어내고 알들도 밖으로 버리고 그 바구니 안에서 잠을 잤습니다.

그리고 아침 일찍 염소우리를 나왔지만, 아무도 저를 찾지 않는 것 같아 서러움에 염소우리 앞의 닭의 장풀을 모조리 발로 짓이겨 버리고 뿌리까지 다 뽑아버린 기억이 납니다.

그때 어머니는 방안에서 손바닥보다 작은 방문 유리창으로 그런 저를 보면서 속이 상해 우셨다고 합니다. 저는 그 뒤로도 참 많이도 부모님 속을 터지게 했고 아직도 부모님을 걱정시키고 있습니다.

저는 이 꽃이 달개비 꽃인 줄 몰랐습니다. 그냥 어른들이 닭장풀이라길래 닭장풀인 줄 알았습니다. 서울동요제(이오덕동요제)를 주관하시는 백창우 선생님이 노래를 만들어 달라고 이 글을 보내시기 전까지는 말입니다.

　달개비꽃은 닭의 장풀이라고도 하며 늦봄에 피기 시작하여 여름에도 피고 어떤 때는 가을에도 핀다고 합니다. 꽃 색깔은 파란색도 있고 보라색도 있습니다. 꽃을 보려면 줄기를 손으로 잡고 꽃을 위로 돌려야 볼 수 있고 고개를 숙이고 아래에서 위로 쳐다보아야 합니다.

　농촌에서는 논 옆 길가에 너무나 많이 피어 있어 잡초라고 하며 호미 없이 손으로도 잘 뜯어낼 수 있는 풀입니다. 꽃말은 '순간의 즐거움' 이라고 합니다.

달개비꽃

중독이 되어버렸어

청송지역 어린이들, 이종일

아주 자연스럽게 너무 많이 사용하고
아주 자연스럽게 너무 많이 먹어대고
아주 자연스럽게 투덜거리며 살아가
아주 자연스럽게 아주 자연스럽게

셀프로 소비하다 셀프로 버리는 당신
컵 더 없어? 종이컵 더 사면 되잖아
손수건 더 없어? 휴지 더 사면 되잖아
셀프로 소비하다 셀프로 버리는 당신

땅이 너무 좁아 나무 더 베면 되잖아
엄마 옷 없어 옷 더 사면 되잖아
중독이 되어 버렸어 과소비 과식의 욕심
당신을 나는 믿어요 셀프로 되돌려봐요

좀 더 많이, 좀 더 빨리, 좀 더 편하게~

 언제부터인가 사람들이 좀 더 많이, 좀 더 빨리, 좀 더 쉽고 편하게 살려고 이런저런 기술을 개발해 기계를 만들고 공장도 짓습니다. 그러다 보니 산과 강과 바다가 오염되고 나무와 동물과 곤충, 물고기마저도 점차 사라지거나 병들고 있습니다.
 땅속에서 뽑아 올린 기름은 인류의 느린 삶을 빠르고 강하고 편하게 만들었습니다. 생활 편의를 위해 발명된 플라스틱으로 우리 지구에 심각한 문제가 발생하는 것을 눈으로 보고 있습니다.
 플라스틱은 화석 연료인 석유에서 뽑는데 플라스틱을 만들려면 수백 종의 화학 첨가제가 필요합니다. 많은 첨가제 종류와 뽑아 내는 기술에 따라 비닐, 페트병 등 여러 가지 플라스틱 제품이 만들어집니다. 이것들은 자연과 인체에 큰 해를 입힙니다.
 게다가 그 플라스틱에서 미세한 조각이 엄청나게도 많이 떨어져 나와 강물과 바다로 흘러 들어가 물고기와 새들을 괴롭게 합니다. 그리고 또다시 밥상에 올라 사람 몸 속에 쌓여 갑니다.

 오래 전 텔레비전 방송에서 어항에 나무젓가락을 넣는 실험하는 것을 보았습니다.
 나무젓가락을 두 움큼 정도 집어넣었더니 물고기가 하루 만에 죽는 것이었습니다. 몇 년 뒤 고등학생들이 이 실험을 따라하는 영상도 보았습니다. 그 영상에는 구피라는 물고기를 어항에 넣고 나무젓가락

을 넣었습니다. 마찬가지로 하루 만에 구피는 죽어 버렸습니다.

그런데 나무젓가락 봉지에는 이렇게 적혀 있었습니다.

"가공 처리 시 인체에 해로운 화학약품을 사용하지 않았습니다."

알고 보니 나무젓가락 하나 만드는 데에도 방부제나 표백제처럼 사람 몸에 위험한 성분을 많이 쓰고 있었습니다.

문제는 이러한 일회용품이 우리 생활 주변에 차고 넘친다는 겁니다. 휴지, 종이컵, 이쑤시개, 컵라면, 얼음과자 꼬치 등등 둘러보면 셀 수 없이 많습니다. 우리는 놀랄 정도로 많은 일회용품 속에서 살아가고 있습니다.

어느 고등학교 체육관에서 환경 강의를 할 때였습니다.

"나무젓가락, 휴지, 종이컵 세 가지 공통점을 말해 봅시다."

그러자 맨 뒤에 있던 덩치가 아주 큰 3학년 친구가 앞으로 뛰어나오더니 특이한 행동을 하는 거였습니다. 휴지를 가슴 주머니에 꽂고, 종이컵은 왼손에 들고, 나무젓가락을 오른손에 들더니,

"친구 떡볶이 뺏어먹기 3종 세트!"

이러는 겁니다.

체육관은 손뼉에 함성에 휘파람에 난리가 났습니다.

맞습니다. 종이와 나무로 된 일회용품은 우리 삶과는 이제 떨어질 수 없나 봅니다. 중독이 되어 버렸습니다.

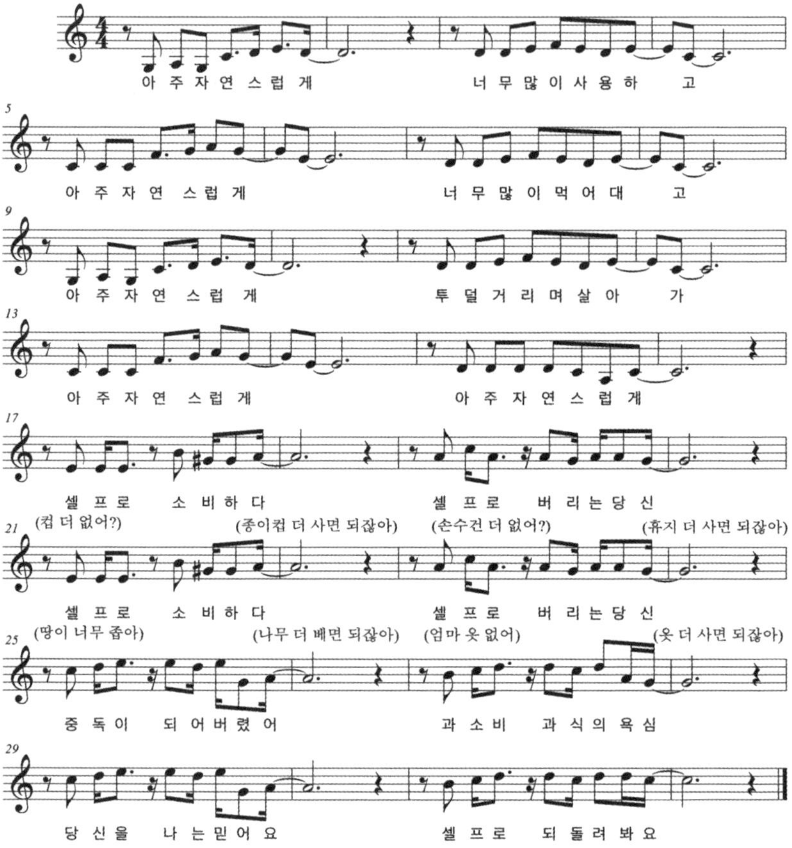
아 주 자 연 스 럽 게 너 무 많 이 사 용 하 고
아 주 자 연 스 럽 게 너 무 많 이 먹 어 대 고
아 주 자 연 스 럽 게 투 덜 거 리 며 살 아 가
아 주 자 연 스 럽 게 아 주 자 연 스 럽 게
셀 프 로 소 비 하 다 셀 프 로 버 리 는 당 신
(컵 더 없어?) (종이컵 더 사면 되잖아) (손수건 더 없어?) (휴지 더 사면 되잖아)
셀 프 로 소 비 하 다 셀 프 로 버 리 는 당 신
(땅이 너무 좁아) (나무 더 베면 되잖아) (엄마 옷 없어) (옷 더 사면 되잖아)
중 독 이 되 어 버 렸 어 과 소 비 과 식 의 욕 심
당 신 을 나 는 믿 어 요 셀 프 로 되 돌 려 봐 요

중독이 되어버렸어

송아지

권정생

시냇가 말뚝에 목메인 송아지
지난 장날 엄마하고 헤어져 팔려 왔나 봐
잔디풀을 오득오득 뜯어 먹다
하늘을 쳐다보니 구름 둥둥
엄마하고 같이 보던 구름
음메음메음메 울어 버렸다

> 의성에 잠시 귀농해 살던 때, 마산에 계시는 고승하 선생님은 60세 전후였을 겁니다.

고 선생님과 함께 단양에 공연하러 가는 길에 그동안 뵙고 싶었던 권정생 선생님께 문안 인사를 드리러 갔습니다.

밖에서 조심스럽게 선생님을 불렀더니 "가이소"라고 하셨는지 "아프니더"라고 하셨는지 하여튼 '오늘은 많이 아프니 돌아가세요' 정도로 들렸습니다. 몹시 편찮으신지 꼼짝도 못 하시는 것 같았습니다. 그래도 우리는 그냥 돌아서기가 미안해서 자리에서 얼른 일어나시라고 마당에 서서 어린이노래를 불러 드렸습니다.

한 곡을 끝내고 두 번째 노래를 부르고 있는 중 삐그덕 하고 문이 열렸습니다. 권정생 선생님이 얼굴을 내미셨습니다. 환하게 웃으셨습니다. 아니 웃으려고 애를 쓰는 듯했습니다. 우리는 몸 둘 바를 몰랐습니다. 얼른 꾸벅 인사드리고는 서둘러 나와야 했습니다.

우리는 골목을 벗어나 마을 뒤편 느티나무 아래에 앉아 선생님 아픔을 생각하며 서쪽 하늘만 바라보며 얼른 쾌차하시기를 빌었습니다. 아직도 그날 일을 생각하면 내내 죄송스럽고 고마웠습니다.

> 내가 아주 어렸을 때 부모님은 화북면 오동리와 오산초등학교(오산리) 사이에 있는 범못 안쪽에서 산을 일구고 소를 키웠습니다.

저는 송아지를 너무 사랑해서 송아지를 안거나 타고 놀았습니다. 그러다 결국 소 버짐병이 저에게 옮아버렸습니다. 옮기는 피부병이라 해서 피부를 태워 가며 치료하느라 끔찍한 고생을 한 기억이 있습니다.

권정생 선생님의 시 '송아지'로 노래를 만들면서 몇 번을 울었는지 모릅니다. 곡을 다 쓰고 나니 글을 쓰신 선생님 모습이 제가 키우던 송아지와 겹쳐 떠올라 또 울었습니다. 특히 "엄마하고 같이 보던 구름" 하는 부분을 부를 때면 그냥 눈물이 맺혀버립니다.

송아지

산 너머 하늘하고

권정생

산 너머 하늘하고 우리 하늘하고
사이가 사이가 참 좋대야
못자리 바짝바짝 말라들라면
산 너머 하늘에서 비 보내주지
오늘만 꿔 오늘만 꿔
오늘만 꿔하고 돌려 준대야

문학관 〈권정생 동화나라〉

　권정생 선생님이 돌아가신 뒤 문화재단이 생기고 아랫마을 폐교에 문학관인 '권정생 동화나라'가 세워졌습니다. 이런 소식을 듣고도 가보지 못했습니다.
　그러던 어느 날 임성무 선생님께서 학교 어린이들과 함께 문학관에

가는데 어린이 노래 공연을 해 달라고 하셨습니다. 문학관과 당시 제가 살던 의성은 매우 가까웠습니다. 게다가 때마침 권정생 선생님 시로 만든 노래가 두 곡이나 있었습니다.

'산너머 하늘하고'라는 시를 읽을 때였습니다.
어릴 적 살았던 영천군 화북면 입석리가 생각났습니다. 논에 물 대는 일 때문에 건너편 아저씨가 자주 골탕을 먹여 힘들어하시는 아버지 모습을 보았기 때문입니다. 그래도 아버지는 동네 다른 아저씨들처럼 싸우지는 않으셨습니다.
'맞아! 구름은 서로 싸우지 않고 비를 서로 줘 주는구나!'라고 흐뭇해하면서 노래를 아주 예쁘게 만들었습니다.

> 권정생 선생님 시

이 글을 어디서 구했는지 자세한 기억은 없지만 안도현 선생님께서 권정생 선생님 시를 정리하시고 편집하신 글을 읽고 감동을 받아 바로 곡을 붙인 것 같습니다.
이 노래를 문학관에서 처음 발표할 때는 문학관 분들이나 관람 참여자들이나 별 반응이 없었습니다. 왜냐하면 제가 반응을 일으킬 만큼 유명한 작곡가나 가수는 아니기 때문입니다.

노래를 부르고 계단을 내려오면서 조금은 섭섭했습니다. 그런데 권정생 선생님을 생각하니 뭔가 밀린 숙제를 한 것 같아 한편으로는 속이 후련했습니다.

산너머 하늘하고

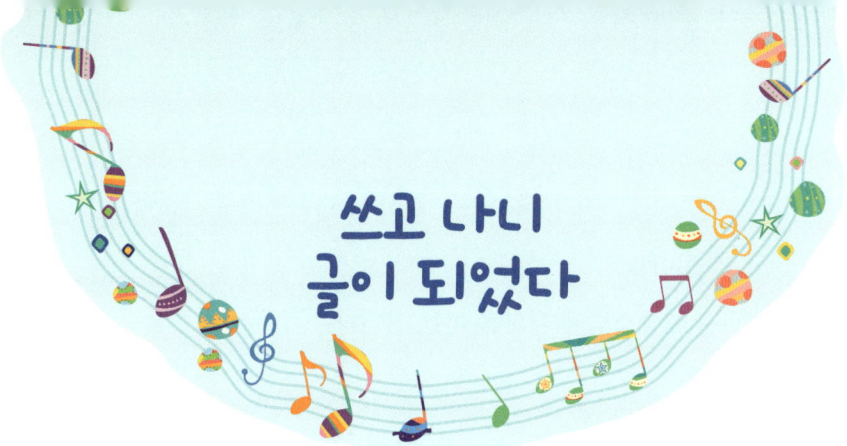

쓰고 나니 글이 되었다

의성 안계초 3학년 김무진

노래가 될 글을 쓰라고 하는데 귀찮다
제목을 어떻게 할지도 몰랐다 귀찮다
글쓰기가 귀찮다고 글을 썼는데
쓰고 나니 글이 되었다
노래가 될 수 있으면 좋겠다

> 2018년 의성군립도서관 초청으로 안계면 공부방에서
> 어린이 글노래 프로그램을 진행했습니다.

어린이가 쓴 글로 만든 노래를 신나게 들려 주고는 "자, 우리도 글을 써 볼까?"라고 말을 하는 순간 무진이는 눈을 바닥으로 깔더니 그만 책상 위에 엎드려 버리는 겁니다. 노래에 감동을 받은 다른 어린이들은 신나게 글을 써 내려가고 있는데 말입니다.

"너는 왜 그러고 있냐? 아무것도 생각 안 나니?"라고 물었더니,
"글쓰기 싫어요."
이러면서 짜증스럽게 대답을 하는 겁니다.
"왜 싫은데?"
"그냥요"
"왜? 그냥 싫은데?"
무진이는 문답식으로 아이들에게서 글을 끄집어내기 선수인 저에게 잘못 걸린 겁니다.
"귀찮아요."
"왜 귀찮은데? 그럼 왜 글쓰기가 귀찮고 싫은지 적어 봐."
"그런 거 적어도 돼요? 알았어요."
무진이는 그제야 무언가를 적기 시작했습니다.
"노래 만들어 주세요"
무진이가 무엇을 열심히 적은 종이를 쑥 내밀었습니다.

이 노래는 그렇게 태어난 겁니다. 그 다음 주 글쓰기 시간에 이 노래를 부르는데 무진이의 그 의기양양한 모습은 혼자 보기가 정말 아쉬웠습니다. 이제 무진이는 글쓰기 공포에서 벗어났습니다. 그냥 벗어난 정도가 아니라 글쓰기 대장이 되어 있을 겁니다.

> 글이 잘 안 써지는 어린이들에게 주의할 점을 알려 드릴게요.

첫째, 제목을 적지 마세요.

　제목을 생각하다가 막혀서 아무것도 못 쓸 수 있습니다. 생각이 나는 대로 이 말 저 말 주절주절 쓰다 보면 글 제목으로 쓰일 핵심 문단이나 핵심 단어 하나가 나타납니다. 자신이 전혀 예상하지 못한 다른 주제와 내용의 글이 나오기도 합니다. 그때 그 엉뚱한 글이 진짜 글입니다.

　둘째, 지우개를 쓰지 마세요.
　글자가 틀리거나 글을 잘못 썼다고 생각하면 으레 지우개로 지웁니다. 그런데 이렇게 자꾸 지우다 보면 글을 생각하고 쓰는 시간보다 지우는 시간이 더 길어, 잘 떠오르던 글 내용도 갑자기 생각이 안 날 수가 있습니다. 그러니 처음에는 지우개를 쓰기보다 틀린 곳에 연필로 한 줄을 긋고 쓰는 것이 좋습니다.

산너머 하늘하고

착한 시간을 기다려
(나쁜시계)

의성 금성중 1학년 강동현

오늘도 나쁜 시계는 돌아간다.
수학시간에 느리고
체육시간은 빠르다.

오늘도 나쁜 시계는 돌아간다.
게임하고 있을 땐 빠르고
과외할 땐 느리다.

엄마한테 잔소리 들을 땐 거북이
TV 야구 중계 볼 땐 훅 가 버리는 시계

난 오늘 다시 착한 시간을 기다린다.

어른들이 묻습니다.

> "왜 동요를 안 부르니?"
> 어린이들이 답합니다. "부를 동요가 없어요."

그동안 대구·경북 지역을 놀이를 하듯 다니면서 어린이들 글을 받아 보니 "죽고 싶다", "살기 싫다"는 글이 많아 깜짝 놀란 적이 한두 번이 아닙니다.

또 꿈을 키워 가기도 전에 직업을 강요당해 아파하는 어린이도 많이 봅니다. 어른들의 무분별한 문화 소비 방식은 어린이들 또한 저속한 대중가요와 잘못된 성 문화를 배우게 만듭니다.

이제 어린이는 대중문화의 표적이 됐습니다. 도덕적 가치를 가르치는 교과서와는 달리 우리 사회와 매체는 인간성보다는 물질을 숭배하도록 강요하고 있습니다.

급기야 돈이 안 된다는 이유로 'MBC 창작동요제'가 폐지되고 말았습니다. 방송은 상업성이 없어 폐지했다고 하지만 사실은 어린이들이 동요에서 탈출했기 때문입니다. 자신의 이야기나 고민 등, 동질성이 없어 고민을 들어 주는 대상을 찾아 케이팝(K-POP)으로 달아나 버렸습니다.

더구나 일부 팝음악(pop music)으로 인해 어린이들은 선정성, 폭력성, 잔인성만 습득하게 될지도 모릅니다. 어떤 어린이와 청소년은 저속어, 비속어, 음란, 잔인한 언어가 아니면 할 말이 없고 소통할 수가 없다고 합니다.

어린이의 말과 글을 들어 준다는 것~~

　어린이 말과 글을 들어 주고 그것으로 노래를 만들어 주는 일을 하다 보니 어린이들 마음을 들어 주는 것은 '언어 자신감'을 줄 수 있다는 것을 알게 되었습니다. 따라서 동요를 어른들 글보다는 어린이들 글로 부른다면 어린이들은 이전보다 더 동요를 사랑할 것입니다.

　게다가 자신의 고민과 이야기를 노래로 만들어 부른다면 주체할 수 없는 자존감 향상으로 삶을 더 이상 미워하지 않게 될 것입니다. 자신의 삶을 더 깊이 사랑할 것입니다.

　이제 어린이에게 스스로의 이야기를 글로 맘껏 표현하게 해야 합니다. 내 아픔과 고민을 밖으로 터지게 해야 합니다. 어른들 언어를 아이들에게 던지는 것이 아니라 어린이들 이야기와 언어에 음표를 달아 주어야 합니다.

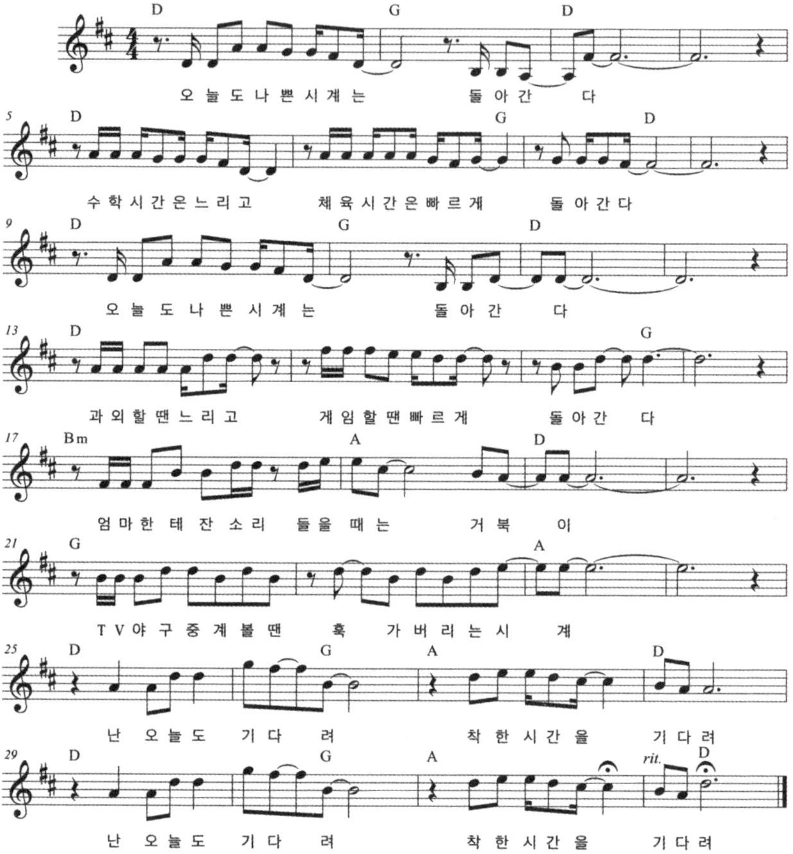

착한 시간을 기다려

할머니 댁에 가면

대구 동천초 5학년 김지혜

할머니 댁에 가면 기다리시는 할머니
할머니 댁에 가면 맛있는 호떡이 있다
할머니 댁에 가면 지지직거리는 텔레비전
할머니 댁을 나오면 아쉬움이 기다린다

말이 주는 포근함

　외할머니든 할머니든 할머니라는 말에는 따뜻함이 있습니다. 말이 주는 그 포근함을 기억하므로 할머니라는 말은 삶의 윤활유에 포함됩니다. 내가 아무리 잘못해도 꼭 품어 주는 영원히 내 편 같은 존재인 할머니는 항상 그립습니다.
　요즘은 만나도 금방 에스엔에스(SNS)와 스마트폰 놀이, TV 채널에 눈길을 빼앗겨 서로 깊은 정을 나눌 시간조차 없다고 합니다. 연세가 드신 어른들 세대는 할머니 댁이라고 하면 많은 분이 농산어촌, 굴뚝이 있는 집과 빨간 고추를 말리는 마당에 총총거리는 닭을 떠올리실 수도 있습니다.

저의 외할머니는 경상북도 군위군 고로면 양지리에 사셨습니다. 외할아버지는 저의 어머니가 태어나자마자 병으로 세상을 떠나셨답니다. 토굴 같은 초가집이지만 새벽이면 일어나셔서 참빗으로 곱게 머리를 빗으신 후에 기도를 하십니다.

기도가 끝나면 또박또박 천천히 소리내어 성경을 읽으시고는 밭으로 일하러 가시는 모습이 떠오릅니다.

> 할머니 댁을 가려면 노귀재라는 고개를 넘어가야 했습니다.

노귀재.

1970년대 어린 시절에 어머니와 동생 손을 잡고 참 힘들게 넘어갔던 기억이 아직도 가시지 않습니다. 힘들게 넘어왔지만 또 힘들게 넘어가야 할 노귀재를 바라보며 석산리 쪽으로 걸어가는데 할머니는 우리가 점처럼 작아져서 안 보일 때까지 마을 어귀에 서 계셨습니다.

그 당시 우리 집은 노귀재 너머 영천군 보현산 남쪽 입석리에서도 외딴곳인 귀미골에 있었습니다. 전기도 물도 안 나오는 집이었습니다.

어린 시절 할머니께서 자주 보내오신 편지가 아직도 그립습니다. 편지지 위에 "종 이 라 바라" 고 큼지막하게 쓴 할머니의 글씨가 생각납니다.

할머니가 그리워서일까요? 우리 가족은 지금 대구에서 3대가 같이 살고 있습니다. 서로 생각이 다르고 문화도 다른 부모님과 저희 부부와

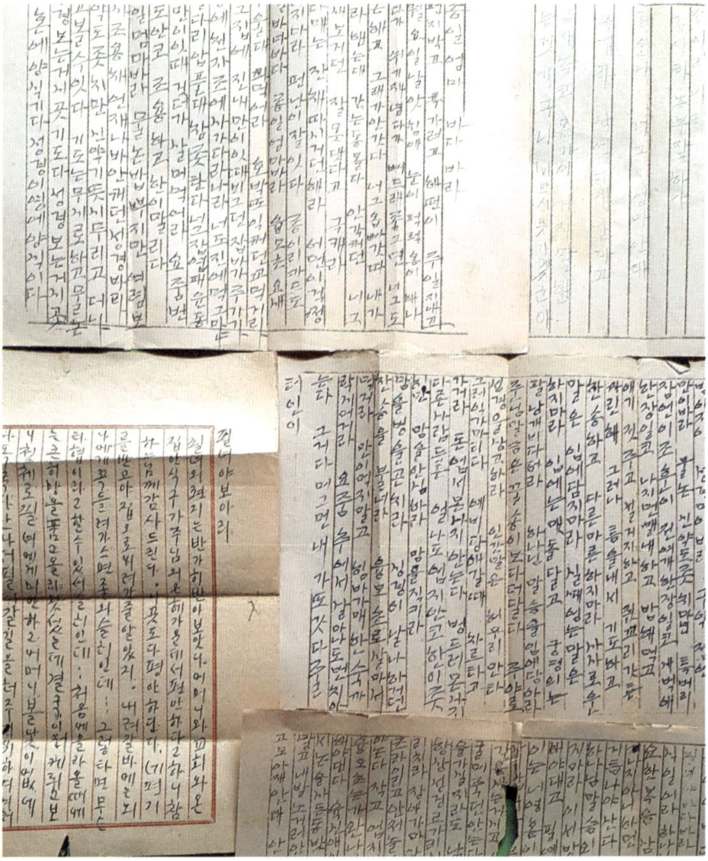

아이들 3대가 한 집에서 토닥거리며 사는 것이 힘들 때도 있습니다.

하지만 3대가 같이 살면 가족 모두에게 도움이 된다고 생각합니다. 며느리인 제 아내는 성인이지만 늘 참고 살아야 하는 어려움이 있어도 내색하지 않습니다.

부모님 또한 며느리가 집에 있으니 아무리 더워도 옷 매무새를 단정하게 하고 살아야 하는 괴로움도 있습니다.

손주인 아이들은 병들고 기력이 쇠잔해져 가는 노인을 가까이서 경험합니다.

우리 아이들은 귀도 안 들리고 기억을 잘 못하시는 할아버지, 할머니 세대를 잘 이해할 것입니다. 그리고 어르신들은 방문만 열면 보이는 손주들의 파릇한 기운을 받으시며 날마다 기쁨이 넘치는 노년의 삶을 살고 계시지 않을까 하는 생각이 듭니다.

할머니댁에 가면

짜장면과 엄마

용문초 3학년 전여진

짜장면을 먹은 날
맛있어서 미칠 것 같아 크아
엄마는 밖에 나가시고
가족끼리 짜장면을 먹었어
짜장면을 다 먹고 나니
엄마가 보고 싶어졌어
짜장면 때문에 기분이 좋았고
엄마 때문에 어쩐지 슬퍼

> 우리는 시인이 쓴 시를 낭독, 낭송할 때 감동을 느낀다고 합니다. 그런데 글이나 시에 곡조를 붙여 노래로 부르면 그 감동은 몇 배가 된다고 합니다.

아주 옛날에는 '노래'가 '낭독'이었고, '암송'이었다고 합니다. 리듬 악기와 선율 악기들이 복잡하게 어울려 소리를 만들어 내는 요즘 노래하고는 비교도 안 될 만큼 시나 글을 낭독, 암송하고 음미하기에 좋았답니다.

우리가 보기에는 재미없을 것 같지만 걱정할 필요는 없습니다. 그 옛날에도 아름다운 선율에 맞추어 암송하고 반복되는 리듬을 사용해 하프나 리듬 악기나 탬버린 같은 악기를 연주했다고 하니 아마 '암송회'가 오늘날 뮤지컬과 같지 않았을까 생각합니다.

'다윗왕'이 지은 '시편'이 좋은 예입니다. 멋진 시에 가까운 라틴어 성경이나 히브리어 성경을 읽어 보면 '정말 암송하기 좋겠구나'라는 생각이 들 정도로 읽는 것이 재미있답니다. 시만 읽는 데도 한편의 드라마를 보는 듯하며 실바람 부는 언덕에 혼자 두 팔을 벌리고 서서 노래처럼 읊조리고만 싶어진답니다.

> '짜장면과 엄마'라는 글은 여진이의 감탄사가 예뻐서 노래로 만들어 보았습니다.

짜장면을 앞에 두고 터진 감탄사 '캬!' 한마디는 짜장면이 얼마나 먹고 싶었는지를 보여 줍니다. 그래서 곡조도 고함을 지르듯 만들었습니

다. 짜장면 때문에 기뻤다가 엄마 때문에 다시 슬퍼진 어린이 글에는 맛있는 것을 다 먹고 나니 함께 먹지 못한 엄마를 생각하는 깊은 사랑이 숨어 있습니다.

짜장면과 엄마

어머니의 폭발

도평초 2학년 남예진

어머니가 드디어 폭발하셨다

어머니가 얼마나 참으셨는지

어머니께서 나 보고

오빠한테 밥그릇 좀 갖다 놔

오빠가 먹은 거는 오빠가 설거지하고

설거지하기 싫으면 먹지를 말고

어머니가 드디어 폭발하셨다

어머니가 얼마나 참으셨는지

어머니께서 나 보고 오빠한테 빨래통에 좀 넣어

오빠 옷 가져가라 오빠 옷 오빠가 빨아라

오빠가 대답하는 날 아이 귀찮아

공적 심부름의 리더십

우리 집 식구들은 옥상 빨랫줄에 빨래를 널고 말리는 일을 통해 대화와 소통과 공적 심부름이라는 숨어 있는 일거리 찾는 힘을 기릅니다. 식탁에서 다 먹은 식기를 설거지통에 넣는 것 또한 일상 속의 공적 심부름입니다.

제가 프로그램을 진행할 때 우리 집 아이들에게 가끔 공적 심부름을 시켜 봅니다. 이러한 심부름을 시킬 때마다 아이들의 생각이 깊어지고 넓어지는 것을 경험합니다.

아버지가 프로그램 리더라고 아이들까지 리더로 참여하는 것이 아니라, 철저히 참여자들과 주변을 세세히 살피며 심부름거리를 찾게 하는 것입니다. 그렇게 함으로써 우리 아이들이 제왕적 리더십이 아닌 섬기고 들어 주는 리더십을 품었으면 하는 욕심이 있습니다.

공적 심부름을 통해 아픔을 가진 사람을 이해하는 힘을 기르며, 현재의 문제 해결 방법과 장기적인 해결 방법을 모색할 수 있으리라 봅니다.

> 조직을 이끄는 사람들에게는 두 가지 덕목이 있습니다.
> 아버지와 어머니 역할입니다.

요즘은 이런 아버지가 드물겠지만 과거에는 고독한 결정과 명령하는 사람의 결단, 타협하지 않는 방식을 좋아하는 리더가 있었습니다. 조직의 특수성에 따라 이런 아버지 같은 리더가 필요할 수도 있습니다.

또한 과거 어머니들처럼 말을 들어 주고 위로해 주고 안아 주고 잘못했지만 그럴 수도 있다며 다시 기회를 주고 한번 해 보라며 용기를 주는 리더도 있습니다.

어떤 회사 리더는 자녀들을 말단 자리부터 맡긴다는 말도 들었습니다. 이러한 방식이 좋든 나쁘든 간에 이러한 시각으로 공적 심부름을 자주 하다 보면 조직의 문제점이나 갈라진 틈이 보이고, 또한 그걸 해결하기 위해 타협과 결단을 통해 일을 하는 능력이 구체화되어 자라납니다.

프로그램에서 공적 심부름을 자주 하다 보면 기획 연출자가 세세히 살피지 못한 틈과 허점을 발견하기도 합니다.

심부름을 하다 보면 집행하는 사람들 눈에는 중요한 문제가 아닌데 그걸 해결하려고 애쓰는 모습을 봅니다. 그럴 때 "쓸데없는 데 신경 쓰니?", "네 할 일이나 해"라며 나무라지 않았으면 좋겠습니다.

　공적 심부름을 수행하는 사람은 하기 싫은데 억지로 하는 사람과 맡겨진 일을 열심히 하려는 사람으로 나누어집니다. 의외로 앞사람은 실수가 별로 없지만 대부분 실수는 뒷사람 즉, 적극성을 가진 사람에게 주로 나타납니다.

　프로그램 내용과 결과물에 관한 지식도 그렇습니다. 순서도 체계도 모르면서 일을 맡기니 당연히 능력도 되지 않지만 그 적극성으로 인해 자주 권한을 넘어서는 월권을 해서 혼이 난다는 겁니다. 그러나 소속감과 사명감은 공적 심부름을 하면 할수록 사물과 관계를 보는 폭이 넓어지고 깊이는 깊어지게 마련입니다. 결국 이러한 사람은 사회에서 필요한 유능한 인재로 인정받을 것입니다.

　어른들은 자식들에게 사적 심부름이나 공적 심부름을 시킵니다. 귀찮아서 시키기도 하고 교육을 위해서 시키기도 합니다. 같은 가족의 심부름을 하는데도 어떤 심부름은 화가 나고 짜증이 나기도 합니다.
　그러나 어떤 심부름에는 자부심이 생깁니다. 그 까닭은 무엇일까요? 무턱대고 하라는 것이 아닌 자세한 상황 설명과 명령이 아닌 부탁에 있습니다.

어머니의 폭발

자유

남대구초 4학년 노준혁

선생님이 시를 쓰라고 하신다
궁금해 어떻게 써야 하는지
선생님은 이상한 주제를 대신다
사랑 직업 선거 선생님
우리가 싫다고 하자 선생님은 주제는 자유다
자유라는 제목도 괜찮은 것 같다
원래 우리 선생님은 자유를 안 주셨다
그런데 오늘 처음으로 자유를 주셨다

> 자기를 표현할 수 있도록 도와주는 안내자일 뿐입니다.

저는 글쓰기 지도를 잘 하지도 못하지만 지도도 하지 않습니다. 그냥 자기 표현이 막혀 버린 사람들에게 표현할 수 있도록 안내하는 안내자일 뿐입니다.

표현하는 글쓰기가 힘들면 서로 이야기를 합니다. 이야기를 하다 보면 갑자기 "아! 맞다 이걸 써야지." 이러는 겁니다.
그때가 막혔던 표현 방법 하나가 뿅하고 뚫리는 순간입니다. 어린이들은 글이 막히면 말을 하게 합니다. 그러다 보면 말이 글 재료가 되어 머릿속에 머물러 있습니다. 이때 머물러 있는 어휘들을 종이에 마구 써 내려가는 것입니다.

글을 쓸 수 있는 주제는 하나이지만 주제를 바라보는 시각은 다르기에 안내자는 다르게 바라보는 것을 인정해 주어야 합니다. 주제와 내용에 너무 얽매여 있으면 글 소재가 빈약해져서 "쓸 게 없어요!"라고 말하게 됩니다.

주제가 주어지면 주제 꼬리를 무는 소재, 그 소재 꼬리를 무는 소재를 찾아서 떠나야 합니다. 그러다 보면 내가 가장 잘 표현할 수 있는 소재와 글감이 떠오릅니다.

　처음부터 좋은 글이 떠오를 수는 없습니다. 글이 안 된다고 가만히 멍하게 있기보다 글을 마구잡이로 쓰다 보면 마음에 드는 문장이 나오기도 합니다. 사투리를 그대로 적어도 되고 글자가 틀려도 됩니다. 글에 한계가 있으면 막히기 마련입니다.

　또 글이 안 떠오르는 어린이들을 책이 많이 꽂혀 있는 서가로 데려가서 책 표지를 보며 책 제목을 훑어보게 합니다. 책 제목을 읽다 보면 번뜩~ 소재와 내용이 생각나기도 합니다.

그래도 안 되면~~

　글은 멋있게 써야 하는 줄, 제목이 멋있어야 하는 줄 아는 어린이는 옆에서 글을 신나게 쓰고 있는 또래 글을 보게도 합니다. 그러면 "아 별거 아니네! 저렇게 써도 되는구나!" 라며 자신감을 가지기도 합니다.

　준혁이는 선생님이 말씀하신 "주제는 자유다"라는 것을 좀 다르게 받아들였습니다. 마음대로 정해서 쓰라는 게 아닌 '자유'가 곧바로 제목인 줄 알았던 모양입니다.

　그래서 처음으로 자유를 주신 선생님을 주제로 썼다기보다는 그날 학교 상황을 그대로 적었습니다. 그러다 보니 선생님과 어린이들의 대결에서 어린이가 승리한 것 같은 살아있는 교실 이야기가 됐습니다.

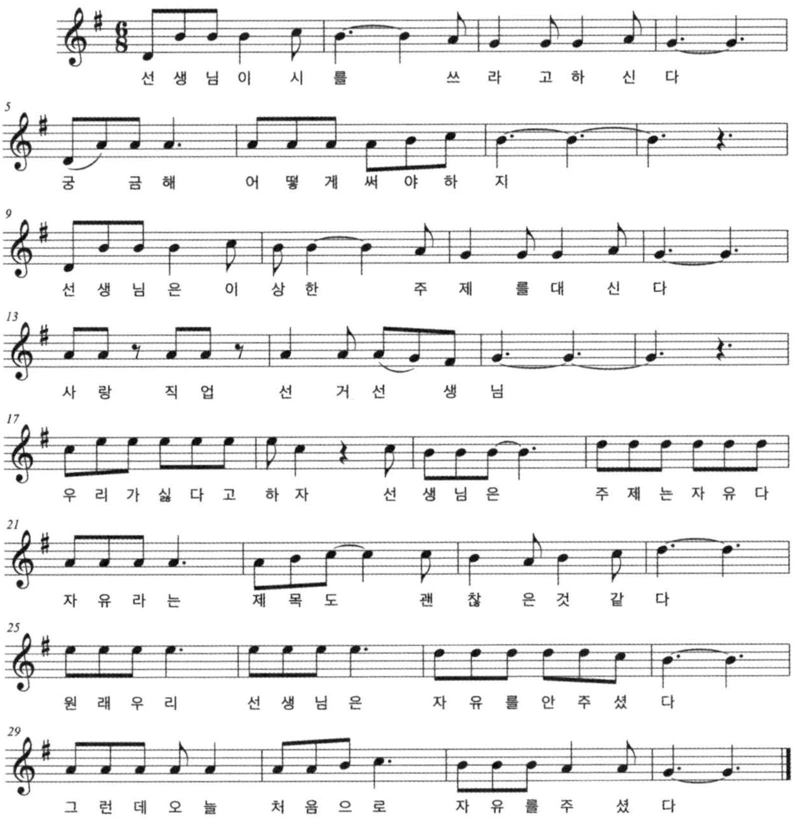
선 생 님 이 시 를 쓰 라 고 하 신 다
궁 금 해 어 떻 게 써 야 하 지
선 생 님 은 이 상 한 주 제 를 대 신 다
사 랑 직 업 선 거 선 생 님
우 리 가 싫 다 고 하 자 선 생 님 은 주 제 는 자 유 다
자 유 라 는 제 목 도 괜 찮 은 것 같 다
원 래 우 리 선 생 님 은 자 유 를 안 주 셨 다
그 런 데 오 늘 처 음 으 로 자 유 를 주 셨 다

자유

잠이 온다

의성 옥전초 5학년 배예찬

우우우 우우우 우우
잠이 온다 잠이 온다
일찍 자서 늦게 일어나도
늦게 자서 일찍 일어나든
학교에서는 잠이 온다

    몇 년간 의성군 점곡면에 있는 의성군 농촌보육정보센터 선생님들 배려로 그 지역 아이들과 함께 놀기도 하고 노래를 만들어 부르기도 했습니다.

    학교 선생님도 아닌 처음 보는 작곡가가 일기를 가져오라 했는데 아이들은 잘 따랐습니다. 어느 날은 일기를 너무 많이 가져와 무릎 높이까지 쌓였습니다.

    일기들을 읽고 검토하느라 꼬박 이틀 동안 끙끙대기도 했습니다. 일기를 선뜻 내놓는다는 것은 믿음이 있다는 거겠지요.

어린이가 말하고자 하는 메시지를 일기 속에서 얻으려면 글을 쓸 때의 감정과 상태까지도 읽을 수 있어야 합니다. 그러면서 이 어린이에게 필요한 리듬, 빠르기와 시어는 어떤 것이 있을까를 고려합니다.

너무 산만한 어린이는 질서 있는 노래로, 집중이 힘들면 집중할 수 있는 곡조로, 슬픈 친구는 용기를 내는 기쁨으로, 너무 들떠 있으면 조용하고 깊이 있게, 위로가 필요한 친구는 위로 노래를, 용기가 필요한 아이는 용기 내는 노래를.

이게 쉽지 않습니다. 그래서 며칠을 고민에 고민을 거듭해야만 노래가 태어납니다. 강의하러 가는 운전대를 잡으면서도, 밥을 먹으면서도, 잠을 자다가도 곡을 씁니다. 힘이 들기는 하지만 지나고 나면 참으로 행복한 순간 순간들입니다.

> 어린이들을 위한 노래 만들기는 적당한 긴장과 즐거움을 주는 일이 됩니다.

생명 없는 노래들의 홍수 속에서 살아가는 어린이들에게 제 시간을 좀 더 아름답게 허비하는 일은 전혀 아깝지 않습니다.

요즘 대학 수업에는 질문은 사라지고 리포트는 잘 써온다는 말이 있습니다. 그 말은 입시 교육으로 남의 삶은 이야기하지만 정작 자신을 드러내지 못하는 사람들이 많아지고 있다는 말입니다.

이 땅의 어린이들에게 삶의 이야기를 함께 나누는
생명의 노래가 필요합니다.

자신을 노래하는 삶은 운명을 개척해나가는 삶이기에
더욱 그렇습니다.
그래서 자기를 노래하는 삶은
꿈을 대충 말하지 않습니다.
구체적으로 여러 가지 꿈을, 까닭까지 드러내어 수식어를 붙이는 꿈을 말하고 그립니다.

> **아름다운 허비를 위해~~**

울고 있는 소에 대한 애틋한 마음과 비 때문에 농민이 걱정되는 글, 엄마의 빈자리를 생각하는 딸의 마음, 놀거리가 너무 많다는 자원 활용 놀이 전문가 글, 부모님 몰래 스마트폰을 들여다보는 것, 몰랐던 방학 숙제를 친구들과 나누는 의성 어린이들은 꿀벌처럼 나누며 보듬으며 자라고 있습니다.

오늘도 아름다운 허비를 할 대상을 물색하고 있습니다. 아름다운 허비를 위해.

잠이 온다

나는 밥이 될 거야

이종일

지난 겨울 골라뒀던 볍씨를 꺼내
깨끗하게 소독을 하지
논두렁도 깨끗하게 불로 태우면
경운기야 논을 갈아라
물을 대고 거름 넣고 써레질하고
모판에다 씨를 뿌리자
나는 나는 될 거야 맛있는 밥이 될 거야
배고픈 친구 달래는 따뜻한 밥이 될 거야

기쁜 노래 부르면서 모내기하고
물을 대고 웃거름 주자
뜨거운 여름 자라나는 벼포기 보며
풀을 베고 피를 뽑으면

비가 오고 바람 불어 노랗게 익어

겸손하게 고개 숙인다

나는 나는 될 거야 맛있는 밥이 될 거야

배고픈 친구 달래는 따뜻한 밥이 될 거야

가을볕에 잘 말려서 쌀을 만들자

벼를 찧어 쌀을 만들자

나는 나는 쌀이 되어 떠나간단다

정다웠던 친구들 안녕

한 해동안 땀 흘리며 농사지으신

농부님들 감사합니다

나는 나는 될 거야 맛있는 밥이 될 거야

배고픈 친구 달래는 따뜻한 밥이 될 거야

저는 2006년 의성군 춘산면 효선리 김영원 장로님 댁에 살고 있었습니다.

    장로님은 아들인 김정욱 형과 조금 떨어진 곳에 새로 집을 지어 나가셨고 저는 은혜를 입어 옛집에 거저 살았습니다.
    밭 1,000평과 논 300평을 빌려 농사도 지었습니다. 밭에는 동네 분들이 처음 보는 염색 재료 농사를 지었습니다.
    마을 바로 앞에 있는 논에는 모 심고 한번, 장마 끝에 한번, 딱 두 번 농약을 쳤습니다. 모는 튼튼하게 자라 이삭이 고개를 숙일 때 앞집의 트랙터가 와서 베어 주었습니다.

    볏짚으로 체험 프로그램할 것들이 많은지라 나락 밑동을 바싹 잘라달라고 부탁드렸지만 기계는 그렇게 하지 못했습니다. 그래서 반은 기계가 베었고 반은 낫으로 밑동 끝까지 바싹 잘랐습니다.
    그때 베었던 볏짚은 오랫동안 체험 프로그램의 재료로 썼습니다. 미처 탈곡이 덜 되어서 볏짚에 남아 있는 낟알들은 그대로 모아서 '나락 까먹기' 프로그램에 썼고요.

    동네 분들 도움을 받아 첫 추수를 끝내고 나니 안계면 교촌 농촌체험학교에 계시는 송종대 선생님이 '경북쌀소비촉진가족캠프'라는 의미 있는 행사에 저를 초대했습니다.

　노래 공연이야 신나게 노래하고 돈만 받으면 끝이겠지만 이 행사에는 그냥 갈 수 없었습니다.

　당장 동네 어린이들을 모았습니다. 우리 동네는 의성군 관내 산골 마을 가운데 어린이들이 가장 많은 동네였습니다. 교촌에 공연을 가자고 부탁을 했고 노래도 골라 연습을 하였습니다. 대본을 쓰고 연습을 하고 있는데 가림이 부모님께서는 고맙게도 의상까지 만들어 주셨습니다.

　저는 혼자 공부도 하고, 동네 분들의 도움도 받아서 '쌀의 일생'이라는 글을 써서 준비했습니다. 그리고는 바로 작사를 해서 노래를 만들었습니다. 공연 당일, 마을 어린이들은 떨린다고 하였지만 무대에 올라가서는 공연을 매우 잘하였습니다.

　그리고 행사 의의에 맞게 '쌀 노래'를 발표했습니다. 1절부터 3절까지 노래극처럼 꾸며 공연도 하고 합창을 했습니다. 노래를 들으면 씨앗 하나가 어떻게 밥이 되는지 그 과정이 눈앞에 환히 보일 것이라고 생각하며 공연을 했습니다.

봄 바람이 속삭이며 고개 넘어 와 뒷동산의 눈을 녹이면
파릇파릇 발목까지 모가자라면 봄비 내린 논으로 가자
논바닥이 갈라지는 가을이 되면 벼를 베어 탈곡을 하고

지난겨울 골라 뒀던 볍씨를 꺼내 깨끗하게 소독을 하자
기쁜 노래 부르면서 모내기하고 물을 대고 웃거름 주자
가을볕에 잘 말려서 쌀을 만들자 벼를 찧어 쌀을 만들자

논두렁도 깨끗하게 불로 태우면 경운기야 논을 갈아라
뜨거운 여름 자라나는 벼 포기보며 풀을 제고 피를 뽑으면
나는 나는 쌀이 되어 떠나간단다 정다웠던 친구들 안녕

물을 대고 거름넣고 써레질하고 모판에다 씨를 뿌리자
비가 오고 바람불어 노랗게 익어 겸손하게 고개 숙인다
한 해 동안 땀 흘리며 농사지으신 농부님들 감사합니다

나 는 나는 될 거야 맛있는 밥 이 될 거야

배 고픈 친구 달래는 따뜻한 밥 이 될 거야

나는 밥이 될거야

· 183 ·
아이야 너를 노래하렴

나무노래

전래노래

가자 가자 감나무 오자 오자 옻나무

갓난애기 자작나무 거짓말 못 해 참나무

꿩의 사촌 닥나무 낮에 봐도 밤나무

동지섣달 사시나무 너하고 나하고 살구나무

따끔따끔 가시나무 바람솔솔 소나무

방귀뀌는 뽕나무 십리절반 오리나무

아흔지나 백양나무 앵돌아져 앵두나무

입맞추자 쪽나무 칼로 찔러 피나무

엎어졌다 엄나무 자빠졌다 잣나무

서울가는 배나무 가다보니 가죽나무

> 2009년부터 국가환경 교육지원단 소속으로 환경교육을 해 왔습니다.

　모교인 대원고등학교(전 동국고) 김헌주 선생님이 적극적으로 추천해 주셔서 본격적으로 환경교육에 나서게 되었습니다. 혼자서는 서류도 쓸 줄 몰라 선생님이 모조리 다 써 주셨습니다.
　그전까지는 이런 교육을 전혀 몰라서 대구 아름나라 어린이예술단을 운영하면서 혼자 환경교육이니, 환경노래니, 환경연극이니, 노래극이니 하면서 참 많이도 만들었습니다.

　2009년 이후로는 더 활발하게 환경놀이와 재활용 놀이를 개발하여 함께 놀이하며 환경교육 교재도 만들었습니다. 지금까지 작곡한 환경노래도 200여 곡이나 됩니다. 이제는 이차원적인 환경교육에서 '환경쇼'라는 장르로 넓혀 '강공'을 합니다. '강공'은 강의와 공연의 합성어로 제가 만들었습니다.

> 그런데 아직도 못하는 게 있습니다. 나무 이름 외우기!
> 어린이들이 산에서 나무 이름을 물으면 얼어붙습니다.

　저는 식물이나 곤충 이름을 모르는 게 너무 많습니다. 계명대학교 이정아 박사한테 물어보는 것도 한두 번이지 이제는 모르는 것은 아예 대놓고 미안하다, 모른다고 말합니다.

사실 제 강의 주제는 식물이나 곤충 이름이 아닌 환경 놀이고 환경 노래입니다. 환경 사랑을 함께 나누고 체험하고 놀이를 개발해 놀거나 노래를 만들어 보급하는데 시간이 모자랄 정도입니다. 그래도 곤충, 동물, 식물 이름 외우기도 해야 하는데 너무 안 외워집니다. 저는 머리가 참 나쁘다고 생각합니다.

그러던 중 아주 오래 전에, 아마 1996년쯤에 만들었던 나무 노래가 생각났습니다.

경주의 어느 선생님께서 아이들에게 이 전래 노래를 가르치고 계신다는 이야기를 들었습니다. 나는 그 흥얼거림을 좀 더 내 방식으로 해 보기로 했습니다. 막상 만들고 보니 재미는 있는데 어느 노래가 전래노래인지 이제는 헷갈립니다.

2000년에 첫 동요 음반을 냈는데 2,000개의 카세트 테이프가 삽시간에 팔려 버렸습니다. 몇 년 있으니 경북 지역의 많은 학교에서 테이프를 바꿔 달라고 연락이 와서 1,000개를 더 제작하였습니다. 전화 온 분들 말씀이 학교에서 매일 틀고 운동회 때문에 매일 연습하다 보니 테이프가 늘어났다는 겁니다.

그런데 나는 하나도 안 유명합니다. ㅎㅎㅎ

> 유머의 기본은 말 놀이입니다. 놀이 가운데 가장 재미있는 것이 말 놀이, 글 놀이입니다.

아무나 할 수 있는 놀이이고 무겁거나 싱거운 모임을 가볍게 만들어 웃음을 만들어 주는 좋은 놀이입니다. 흔히들 말 따먹기, 말장난이라고도 하는 이 말 놀이는 세계 거의 모든 나라에서 즐기는 놀이이기도 합니다.

말 놀이는 말과 언어, 활자가 있기에 가능하고 널리 사용하는 사람이 있기에 가능합니다. 말 놀이를 권장하고 놀이 과목에 넣어 진행하다 보면 언어 파괴라느니 아재 개그라느니 핀잔도 듣지만 저는 말 놀이를 적극적으로 권장하고 싶습니다.

말 놀이로 언어를 익히고, 말 놀이로 자기 나라 말을 사랑하고, 말 놀이로 나라를 사랑할 수 있기 때문입니다. 결국 말 놀이는 그 나라 언어에 대한 자긍심입니다.

나무노래

돌아가고 싶어

경산 용성지역아동센터 청소년들

날씨도 더운데 마스크 쓰니 답답해

크기가 커서 자꾸 내려가잖아

코로나 때문에 친구얼굴도 모른다

만난 지 2개월이나 지나가지만

돌아가고 싶어 돌아가고 싶어

학교 행사가 취소되다니

돌아가고 싶어 돌아가고 싶어

학교도 안 가고 게임하고 있으니 좋아

집에서 딩굴 딩굴거리니 좋아

코로나 만나면 칭찬이나 해야겠다

못생긴 내 얼굴 가려주니 좋잖아

돌아가고 싶어 돌아가고 싶어

수학여행이 취소되다니

돌아가고 싶어 돌아가고 싶어

2019년 발생한 코로나19 바이러스가 2020년 1월 한국으로도 번져 학교도 문을 닫았습니다.

감염된 많은 사람들이 생사의 갈림길에서 힘들어하였습니다. 몸이 좋지 않은 사람들은 세상을 떠나게 되었습니다.

이 기간 제일 힘들게 고생을 한 분들은 의사 간호사 같은 의료진들이었고 관련 기관에 일하시는 공무원 분들이었습니다.

하지만 어린이들은 더욱 힘이 들었습니다. 친구들과 학교에서 얼굴을 마주보며 이야기하고 뛰어 놀지도 못하고 선생님을 만나지도 못하였습니다.

그보다 더 힘든 것은 마스크를 하루종일 쓰고 있어야 하는 괴로움일 것입니다.

마스크를 쓰고 있으면 입술 주위에 발진도 일어났습니다.

태양이 뜨겁게 내리쬐는 날은 얼굴과 팔 다리는 새까맣게 되었는데, 마스크 쓴 부분만 타지 않아 하얗게 보이니 웃기기도 하고 서글프기도 하였을 거예요

코로나 기간에 초등학교와 유치원 어린이집의 어린이들은 마스크를 쓰고 계시는 선생님의 입 모양을 볼 수가 없었습니다. 말을 귀로만 들었지 입술의 모양을 보지 못하였습니다. 그러니 자연히 얼굴을 마주하고 입모양을 바라보며 대화하는 데 익숙하지 못하게 되었습니다.

　입 모양을 보지 못하여 유아들은 말을 배우는 데 서툴기도 하였습니다. 자연히 영상기기를 자주 대하다 보니 영상에만 익숙하게 되었습니다.
　저도 바이러스가 대구에 크게 번질 때 동산병원이라는 큰 병원 식당에서 봉사를 하였습니다. 다른 지역에서 도와주러 오신 의사와 간호사분들이 다 드신 음식물을 소독하고 치워드리는 일을 하였습니다.

　그해 7월 경산 용성지역아동센터에서 코로나로 지친 어린이 청소년들을 만났습니다. 비록 모두가 마스크를 쓰고 있었지만 기타를 들고 가서 어린이가 쓴 노래를 부르며 즐거운 시간을 보냈습니다.

　글쓰기가 시작되자 코로나 바이러스에 관한 글이 많았습니다.
　수학여행을 못 간 것, 열심히 준비한 행사도 못하게 되어 슬프다는 글이 많았습니다. 또 어떤 친구는 마스크를 쓰니 못생긴 얼굴이 가려져서 좋았다고 했고, 집에서 게임하며 노는 게 좋았다고 하는 친구도 있었습니다.
　그래도 가장 힘든 건 친구들과 뛰어놀지 못하는 것이라고 하였습니다.

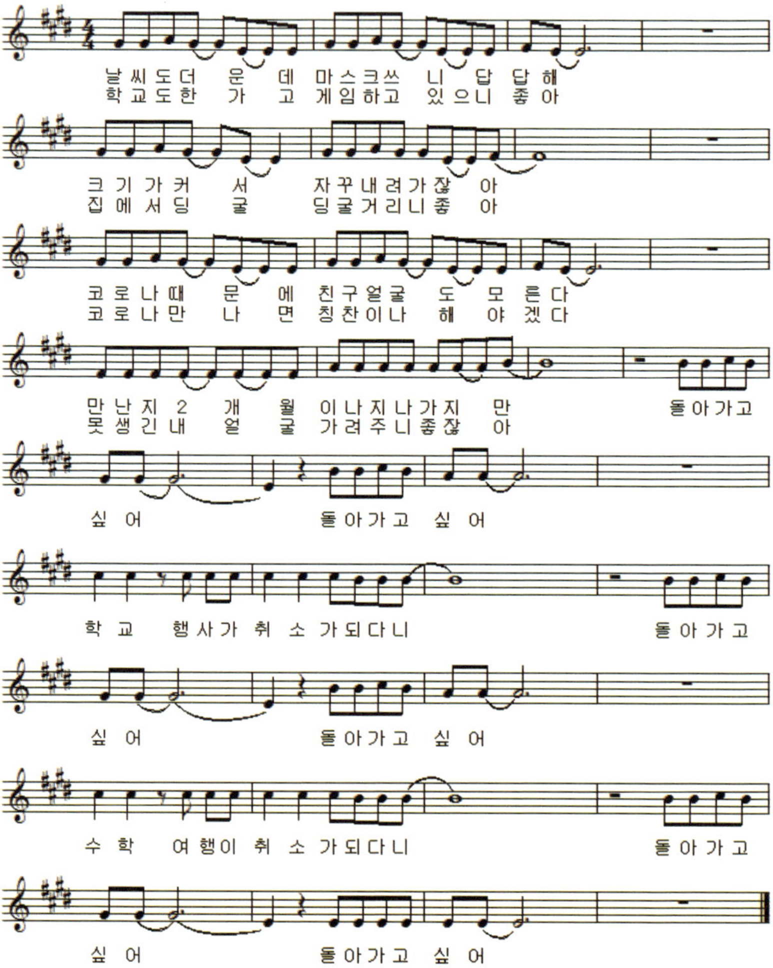
날 씨 도 더 운 데 마 스 크 쓰 니 답 답 해
학 교 도 한 가 고 게 임 하 고 있 으 니 좋 아
크 기 가 커 서 자 꾸 내 려 가 잖 아
집 에 서 딩 굴 딩 굴 거 리 니 좋 아
코 로 나 때 문 에 친 구 얼 굴 도 모 른 다
코 로 나 만 나 면 칭 찬 이 나 해 야 겠 다
만 난 지 2 개 월 이 나 지 나 가 지 만 돌 아 가 고
못 생 긴 내 얼 굴 가 려 주 니 좋 잖 아
싶 어 돌 아 가 고 싶 어
학 교 행 사 가 취 소 가 되 다 니 돌 아 가 고
싶 어 돌 아 가 고 싶 어
수 학 여 행 이 취 소 가 되 다 니 돌 아 가 고
싶 어 돌 아 가 고 싶 어

돌아가고 싶어

부록
글쓰기의 오해

> 말과 글은 생명입니다.
> 글을 아무리 쓰려고 해도 생각이 안 나고 써지지 않을 때가 있습니다.

그럴 땐 이렇게 해 보세요.

글은 말로 이루어져 있습니다. 말하듯이 글을 써 보세요.

1. 우선 제목을 쓰지 마세요.

연필을 들었다 하면 제목 생각이 잘 나는 사람도 있습니다. 그렇지만 제목을 어떻게 정할지 몰라서 연필을 들고 10분을 있어도 스트레스만 받을 뿐 아무런 생각도 나지 않는 사람이 많습니다.

그럴 때는 제목을 비워 두고 아무 글이나 마구 써내려 가다 보면 좋은 제목이 글 속에서 나오기도 합니다. 또 제목이 생각나서 적었다가도 더 좋은 제목이 떠오르면 바꾸어도 됩니다. 좋은 제목은 글 속에서 나옵니다. 그래도 힘들 때는 영화, 드라마 제목을 떠올려 보시면 금방 떠오를 겁니다.

2. 지우개를 쓰지 말아 보세요.

글을 잘 쓰는 어린이나 어른들은 잘못 쓴 것을 지우개로 지울 때 한두 번만 지우면 됩니다. 그러나 지우개가 서툰 사람들은 박박 문지르다가 나오는 지우개 똥 치운다고 시간 보내고, 종이가 찢어지면 찢어졌다고 다른 종이 찾다가 시간 보내고.

지우개로 박박 지우다가 좀 전에 생각했던 글감도 머리에서 지우게 되는 일이 벌어진답니다. 그러니 우선은 지우개를 사용하지 말아 보세요.

나중에 글이 술술 나올 때가 되어서도 글자가 잘못되었으면 지우개 사용을 줄이고 연필로 줄만 살짝 그어 놓고 계속 글을 쓰세요.

지우개는 전체를 수정할 때만 사용해 보세요. 그러면 정리도 잘되고 문장도 멋있어질 겁니다.

3. 연필로 박박 지우지 마세요.

지금 지운 그 글도 나중에 다시 보면 좋은 글로 보일 때가 있습니다. 제대로 써야겠다는 강박이나 잘 보이려는 생각은 하지 마세요. 잘못 쓰거나 틀리는 것을 전혀 의식하지 않고 막힘없이 글을 써 내려가는 것이 중요합니다.

4. 큰 종이에 쓰지 말고 내 마음이 안정되는 크기의 종이에 글을 써 보세요.

이 말은 이오덕 선생님께서 하신 말씀입니다. 사람마다 마음이 편해

지는 종이 크기가 있다고 합니다. 어떤 이는 종이가 크면 부담된다고 합니다. '이걸 어떻게 다 채워야 하나?' 고민부터 된다고 합니다.

5. 아무 글자든 일단 적고 보아요.

혼자 구시렁구시렁 입으로 말을 하듯 적어가다 보면 글을 쓰기에 적당한 뇌 활동이 일어난다고 일본의 과학자들이 이야기합니다. 후두엽 중심 활동에서 전두엽 중심의 활동으로 변하는 것이지요.

6. 오늘 들은 말을 기억해 적어 보세요.

말은 생명입니다. 말 하나 때문에 죽는 사람도 있고, 말 한마디 때문에 용기를 내어 일어서는 사람도 있습니다. 게다가 일기나 글에 자신의 말이 들어간 글이라면 나중에 어른이 되어서도 보고 싶은 글이 될 겁니다.

글은 말로 시작됩니다. 말이 글이 된다는 겁니다. 그러니 말을 글로 써 보세요.

7. 마지막으로 크게 외쳐 보세요.

내 글은 그 누구도 심사하거나 평가할 수 없다! 내 글은 자유다!

> 그래도 안되면…

1. 도서관이나 서재 책꽂이의 책 표지를 보라.

수많은 알짜배기 제목 글이 다 보인다. 무엇을 쓸지 모를 때 그것이 나의 글쓰기 소재를 자극한다.

2. 산책하며 온갖 것들을 멀리서 보고 세밀하게 보라.

순간을 길게 보고, 넓고 깊게 생각하라. 관찰은 사고를 넓게 한다.

3. 대화를 하다 보면 글이 나오는 사람도 있다.

글쟁이와 말쟁이, 신문기자랑 아나운서 등

4. 다른 사람 글을 보거나 글을 쓰고 있는 모습을 잠시 보라.

나도 용기가 난다.

5. 엄마보다 아빠랑 대화가 많으면 좋다.

조부모 할아버지 할머니 등등

 도서관이나 서재의 책 제목을 둘러 보세요.

거의 모든 책이나 글은 제목 하나로 내용을 상상하게 해 줍니다.

책 제목들을 옆으로 위로 아래로 둘러보며 지나가다 보면 자신의 일상에서 듣거나 나눈 대화와 말들이 떠오를 거예요.

그때 바로 생각난 단어를 하나 둘씩 메모해 보세요.

메모한 것이 많아질수록 쓰고 싶은 글이 생각날 거예요.

막상 연필을 잡았는데 글이 생각 안 난다는 건 머리속에 글이라는 문자들이 글을 쓰기에는 적게 저장되어 있을 수 있어요.

우리는 평소에 말을 많이 하는데 그 말이 글로 바뀌는 거라고 생각하면 더 쉽게 글을 쓸 수가 있어요.

우선 내 속에 글자들이 많아야 글이 나오니까 얇고 부담없는 책이나 글을 소리 내어 읽어 보세요. 말이랑은 친구가 되어도 글이랑은 아직 친구가 안 되어 있어 글이 안 된다고 생각해요.

우선 글과 책의 친구가 되어 보세요.

 산책을 하며 온갖 것들을 멀리서도 바라보고 세밀하게도 관찰해 보세요.

연필을 잡으면 생각이라는 것 자체가 나지 않을 만큼 멍하니 있을 때가 있습니다.

그럴 때는 머리에 피가 돌도록 하는 것이 좋습니다.

그러려면 몸을 움직여 보세요 일어나서 걸어 보세요. 걸으면서 눈을 들어 이쪽 끝에서부터 저쪽 끝까지 훑으며 바라 보세요. 저 멀리 보이는 풍경과 사물을 유심히 자세하게 살펴 보세요.

가까운 곳이나 바로 발 앞에 있는 것들을 자세히 바라보다보면 사물의 형태와 움직임이 내 마음 속에 말로 속삭일 겁니다.

그 속삭임을 무시하지 말고 글로 메모해 보세요.

만약 차가 보인다면 '그 차의 색깔과 내가 좋아하는 색깔은 뭘까? 왜 그럴까?', '차가 되고 싶다'거나 차를 타며 겪은 일이나 차를 타고 떠난 사람이나 '멀리 가보고 싶다' 같은 생각이 떠오르면 그 글부터 써 보세요.

처음부터 마음에 드는 글이 나오는 것은 아닙니다. 쓰다 보면 마음에 드는 글이 나오게 됩니다.

누구나 좋은 글은 써 보고 싶은데 좋은 글을 못 쓰겠다고 하잖아요.

그러나 이제 생각을 고쳐 보세요.

좋은 글을 써 보려고 하지 말고 내 마음에 드는 글을 써 보세요.

속에 있는 것들을 시원하게 내뱉다 보면 기분이 상쾌하고 시원해지게 됩니다.

그렇게 시작해 보세요.

 친구들과 대화를 하다 보면 글이 나오는 사람이 있어요.

저는 교실에서 친구들과 글쓰기를 할 때가 많습니다.

글을 쓰는 것보다 친구들과 신나게 대화하는 친구들이 있습니다.

그 친구에게 "왜 글을 안 쓰니?" 물으면 "아무 생각이 안 나요." 이렇

게 대답합니다.
　"그럼 방금 친구들과 대화한 그걸 먼저 글로 써 봐."
라고 말하면
"무슨 말을 했는지 기억이 안 나요"
"에이, 말한 게 어떻게 글이 돼요"
이렇게 대답합니다.
아닙니다. 말이 글이 됩니다.
말은 그냥 나오는 것이 아니라 생각이 말이 되어 나오는 겁니다.
그러니 말로 대화를 나눈 것만큼 좋은 글감은 없습니다.
말을 글로 옮기는 것으로 시작해 글을 써 보세요.
그러면 글쓰기가 더욱 쉬워질 것입니다.

　지구상에 유일하게 사람만이 말로 소통합니다.
말은 소중합니다.
말로 힘을 주기도 하고 상처를 주기도 합니다.

　제가 아는 사람 중에 신문사 기자와 아나운서가 있습니다.
　신문사 기자는 아나운서에게 "넌 어쩜 그렇게 말을 잘하니?"라고 하고, 아나운서는 "넌 어쩜 그렇게 글을 잘 쓰니?"라고 합니다.
　말로 표현하는 게 쉬운 사람이 있고 글로 표현하는 게 쉬운 사람이 있습니다.

글쓰기 시간이나 공부 시간에 자주 떠드는 친구가 있나요?
떠드는 것, 그것이 자신만의 장점이라는 것이 밝혀졌으니, 이제 그 떠드는 장점으로 글을 시작해 보세요.

 다른 사람의 글을 보거나 글을 쓰는 모습을 보면 도움이 돼요.

책상에 가만히 앉아 갑자기 글을 지어 내라고 하면 아무 생각이 나지 않을 때가 있어요.
이럴 때마다 연필을 잡고는 있지만 종이만 하염없이 바라보거나 멍하니 앉아서 이 고통스러운 시간이 어서 지나가기만을 생각합니다.
써야 할 글감이 도저히 생각이 나지 않는다면 주위를 돌아 보세요. 글을 쓰고 있는 다른 친구들이 보일 거에요. "뭐 쓰고 있어? 나는 생각이 안 나 어떻게 써야되는지 생각나게 잠시만 보여 줄 수 있니?"라고 친구들에게 물어 보세요.
이렇게 친구들의 글을 잠시라도 보면 내가 쓸 글이 생각나기도 하거든요.
다른 친구들도 내가 쓰고 싶은 글을 쓰고 있는 걸 보면 용기가 나서 글을 쓰는 데 도움이 됩니다.
친구들의 글을 보면 특별하게 잘 써야 하는 것이 아님을 금방 알게 됩니다.

 어른들이랑 대화를 많이 해 보세요.

대화는 친구들끼리만의 이야기가 많을 거예요.

친구들과 하루 하루 반복되는 일상을 글로 쓰려니 특별할 게 없다는 생각에 힘들 수도 있어요.

하지만 어른들과 자주 대화를 나누면 어른들이 사는 내용까지 글감에 등장시킬 수 있어요.

글을 쓸 내용이 많아져 쓰기에 한결 편하겠지요.

어른들의 일상을 글을 쓰려고 생각하다보면 어른들의 대화 내용도 어린이들과 비교해 그다지 특별할 게 없다는 것을 느낄 수 있어요.

보이는 대로 들리는 대로 말하는 대로 글로 옮겨 보세요.

멋지게 잘 쓴 글만 보고 내 글을 보면, 내가 쓰고있는 글이 부족하다는 생각이 들어서 보여 주기도 싫겠지요.

어렵지만 다양한 문장을 넣어 글을 쓰는 것도 아주 좋습니다.

그러나 누구나 읽기 쉽고 편한 글이 더 좋습니다

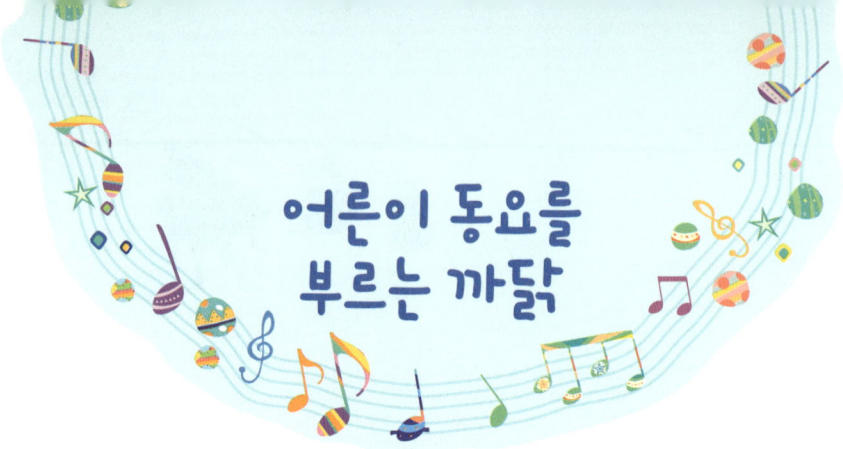

어른이 동요를 부르는 까닭

얼마 전, 횡단보도를 건너는 엄마가 아이 손을 잡고 몇 걸음 건너다 말고 아이 손을 놓고 스마트폰을 꺼내 보면서 건너가는 것을 우연히 보았습니다.

엄마 손에서 해방된 아이는 왼손을 들고 빠르게 건너갔고, 엄마는 스마트폰을 보며 느린 걸음으로 걷다 빨간불이 들어오고서야 급하게 건너더니 갑자기 아이를 혼내고 있었습니다.

"왜 내 손을 놓고 혼자 건너갔어, 사고 나면 어쩌려고 그래."

아이는 어리둥절해하면서도 잘못을 인정하는 듯 고개를 숙이고 있었습니다. 이 모습을 지켜보면서 두 가지를 발견했습니다.

사람은 스마트폰을 보는 시간 동안 생각의 필름이 끊어진다는 사실과 손은 아이가 놓은 것이 아니라 어른이 놓았다는 것입니다.

지금은 아이들의 고유문화라고 생각하던 동요에서 아이들이 탈출해 버린 시대입니다. 일찌감치 어른문화에 노출된 아이들을 대변해 주는 K-pop의 유혹 때문이라고, 스마트한 신비로운 세계 때문이라고, 유행에 처지는 유치한 가락과 진부한 가사 때문이라고 핑계 대기에 앞서 동요와 아이들을 향하던 시선과 관점을 반성하고자 합니다.

첫째, 그동안 동요 속에 함께 있어 주지 못했습니다.

아직도 무언가 아이들을 가르치려 그 옛날 계몽식 동요를 부르게 하면서 함께 즐거워해 주지도 않습니다. 노래방에서 노래시키고 딴전 피우는 것처럼 우리 방식대로 놀기 바빴습니다.

아이들은 특별한 능력을 원하는 것이 아니라 그저 함께 있어 주기를 원하고, 응원해 주고 들어 주기를 원합니다. 발표회 무대에 서서 가족을 찾아 두리번거리는 아이처럼요.

둘째, 동요 속에 아이가 없습니다.

동요 속에 아이의 글과 말이 없고 아이의 마음도, 아이의 시선도 없어져 버렸습니다. 동요의 글과 가락 속에 아이가 있을 곳이 없어졌습니다. 아이들 삶이 동요에 없으니 당연히 동요를 탈출할 수밖에 없었을테죠.

셋째, 동요를 어른들만 갖고 놉니다.

동요가 아이들을 사랑한다면서 아이들의 마음과 말을 도무지 들으려 하지 않는 어른들에 의한, 어른들을 위한 과시용이 되었습니다. 어린이를 빙자한 어른문학입니다. 아이는 재롱잔치나 발표 도구로 전락되었습니다.

마지막으로,

동요로 삶을 조율하기보다는 빠르고 격한 놀이나 게임으로 눈앞에 닥친 스트레스를 해결해 왔습니다. 그 시간이 지나면 허무해지는 것을 잘 알면서도 우리는 동요를 아이들 것이라고 멸시하고 있습니다. 동요가 가진 순수함이 삶이라는 바퀴에 난 상처를 회복시키는 데 큰 작용을 한다는 것을 알면서도 우리는 그것이 싫었던 것입니다.

그렇다고 아이들을 다시 동요 세계에 강제로 불러 앉히고 싶지는 않습니다. 다양하고 세심하게 꿈을 개척하고 넓혀 가는 아이들에게 해 줄 것이 무엇이 있나 살펴보려고 합니다.
그래도 어른들이 여전히 아이들 곁에서 목소리를 들어 주고 있다는 것을 보여 주며 우리 어깨에 기대어도 좋다는 것을 보여 주고 싶습니다.

어린이를 사랑하는 만큼 어린이 노래를 사랑하고 있다고, 아픔과 상처를 동요로 씻어낼 수도 있다는 것을, 동요는 그런 힘이 있다는 것을 다시 한번 보여 주고 싶을 뿐 입니다. 동요는 생명 언어와 안정된 가락으로 삶을 돌아보게 하고 천천히 행복으로 이끌어 갑니다.
말에는 힘이 있습니다. 동요 가사는 다른 노래 가사보다 순수하고

착합니다. 이런 언어를 입에 달고 사는 사람은 나와 가족과 조직에 믿음과 존중을 가지도록 영향력을 발휘합니다.

안정된 가락이 지닌 노래를 부르거나 들으면 삶도 정돈되는 것을 느끼며 감사와 인정이 저절로 아래에서 솟아 올라옵니다.

이렇게 동요를 통해 단순하고 순수하고 부드러운, 그리고 아름다운 언어 기억을 더듬어 세상 모든 이의 마음을 들어 주는 이들이 넘쳐나기를 바랍니다. 그 넘쳐남이 아이들에게 떳떳함으로 충만할 때, 비로소 우리 모두 동요 진리로 자유할 것이라고 봅니다.

지게에 양쪽 물을 가득 채워 집으로 오는 하인을 보고 주인은 못마땅하여 나무랐습니다.

"이 사람아, 물통을 가득 채우니 흔들릴 때마다 길바닥에 다 떨어지잖아. 반만 채워 다니라고."

그래도 그 하인은 매일 물을 가득 채워 걸어 다녔습니다. 몇 년이 지나자 하인이 다니던 길가에 여러 종류의 꽃들이 흐드러지게 피어났습니다.

어떤 일이든 꾸준하게 하는 것도 필요합니다. 그러나 흘러넘치는 감동을 얼마나 충만하게 갖고 있느냐가 더 중요합니다.

한국어 품사와 청소년 진로

- **명사** - 사물의 이름을 나타내는 단어
- **대명사** - 명사를 대신해 쓰이는 말
- **수사** - 사물의 수량이나 차례를 나타내는 단어
- **관형사** - 체언 앞에 놓여 그 체언을 꾸며 주는 단어
- **부사** - 용언이나 관형사, 다른 부사 앞에 놓여 그것을 꾸며 주는 단어
- **감탄사** - 화자의 부름, 느낌, 놀람이나 대답을 나타내는 말
- **조사** - 체언이나 부사, 어미 등에 붙어 그 말과 다른 말과의 문법적인 관계를 표시하는 단어
- **동사** - 사물의 움직임을 나타내는 말
- **형용사** - 사물의 성질이나 상태를 나타내는 말

> 저는 사색을 좋아합니다.
> 망상이 아닌 깊은 물음이지요.

어느 날 책 속의 한 문장을 보고는 깊은 사색에 잠겼습니다. 문장 속 여러 품사가 명사와 함께 뛰어노는 것을 보았답니다. 명사 빼고는 모두 친절하고 예의 바르고 친근하게 도와주는 것이었어요.

　명사는 그저 아무 표정 없이 먼 산만 바라보고 있었어요. 감정도, 느끼는 것도 없이 식물인간처럼요. 너무 외로워 보여 불쌍하기까지 했어요.

> 사회 속에서 사람은 누구나 명사나 대명사가 되고 싶어합니다.
> 그러나 명사는 절대 혼자서 주인공이 될 수 없어요.

　문장 안에 명사는 다른 품사가 없으면 의미 없는 단어일 뿐입니다. 여러 품사 친구들 도움 없이는 아무것도 할 수 없어요.

그런데 다른 품사들은 명사가 못 되어 불행할까요?

　아니에요. 전혀 그렇게 생각하지 않아요. 너무도 자신의 역할에 즐거운 삶을 살고 있지요. 한 문장이 뜻하는 바대로 완성되면, 명사는 언제든 그와 비슷한 다른 명사로 바꿀 수 있어요. 그러나 다른 품사는 바꿀 수가 없지요. 그러므로 행복지수로 보아서는 명사 빼고는 다른 모든 품사가 주인공입니다.

아직도 무미건조한 명사의 삶을 꿈꾸나요?
즐거운 다른 품사의 삶은 어때요?

좀 엉뚱한 생각처럼 보이나요?

이제 어떤 사람이 되어야 할지 생각해 보세요.

(수사)차례, 순서

⇒ 참 신뢰는 나의 때를 기다림.

성급하지 않게 차근차근 준비하며 나의 때가 올 때까지 기다리는 삶입니다.

(관형사, 부사)꾸며 줌

⇒ 존중, 다른 이를 꾸며 주고 도와줌.

나를 앞세우기보다 다른 이를 높여 주는 삶이 필요합니다.

(감탄사)느낌 대답

⇒ 화답과 경청.

아빠 같은 저돌적 리더십이 있는 반면 엄마처럼 들어 주고 안아 주는 리더십이 있어요. 진정한 리더는 화답하고 경청하며 들어 주는 사람입니다.

(조사)관계

⇒ 이어줌, 브로커broker, connect

사람과 사람 사이를 연결하여 주는 사람이야말로 진정한 리더의 삶이지요.

(동사)움직임

⇒ 몸을 써야 머리가 움직임.

　머리만으로 배우는 것이 아니라 몸으로 체득하여 배운다는 것입니다.
　몸을 움직이라는 것입니다.

(형용사)성질, 상태

⇒ 나의 상태를 잘 알아야 함

　도대체 나는 지금 어떤 상태인지, 어떤 상황에 있는지,
　인생 행로에 어디쯤에 있는지 알아야 합니다.
　그래야 바꿀 것은 바꾸고 고칠 것은 고칠 수 있습니다.
　날마다 나의 모난 것을 쳐서 둥글게 만들어 가는 것입니다.

꿈 노래를 만들어 보아요

 글을 쓸 때는 최대한 다른 품사를 많이 넣고 수식하는 말도 많이 넣어 보세요. 이렇게 쓰다 보면 자꾸 욕심이 생겨 내 꿈의 구체성이 드러날 거예요.
 확실한 목표가 마음속에 뜨겁게 자랄 거예요.

민성이의 꿈

글 : 조민성(고산중3)
2015년 12월 26일

곡 : 이종일
20150122

맛있는 음식 만들어 주며 뿌듯해하는 요리사
사람들의 치아를 치료해 주는 나는야 치과의사
힘들어 하는 사람의 얘기를 들어주고
같이 공감 해 주는 그런 상담가

어른들이란

글 : 신은재(용문초5)
20190530

곡 : 이종일
20190611

어른들은 어떨때 다 큰게 방도 안 치운다고 뭐라하고 뭐 하라네

어른들은 어떨때 쪼만한게 다 알려고 하네 뭐라하고 뭐라하네

어른들은 거짓말쟁이 진짜진짜 거짓말쟁이

D.S

괜히 할말이 없어 그러는거지 괜히 할말이 없어 그러는거지

뮤지컬 만드는 과정

자기 이야기 하기와 계속 들어 주기 → 글로 표현하기 말로 표현하기 일기 가져오기 → 다른 사람 글과 이어 붙이기 → 노래 만들기 ↓ 대본 만들기 공개 오디션 모두가 심사 ↓ 뮤지컬로 구성하기 ← 연습하기 ← 음반 만들기 ← 공연 기획과 초대하기 ↑ 공연하기 ↑

주제	내용
작사 작곡 완성 발성법 호흡법 배역 소화 대사 연습 -외우기 연기 연습-동선과 시선	두성 발성, 복식 호흡 연습, 후두 열기 훈련 연극 무대란 무엇인가? -원형 극장, 극장, 오페라 무대, 마당극 무대, 교실, 거실, 무대 동선과 시선의 종류 〈보고 가리키고 말하자〉 〈관객 시선을 정복하자〉
노래 연습 율동 만들기-연습 극 연습 초대장 만들기	두성 발성, 복식 호흡 연습, 후두 열기 훈련 대본 읽기 – 조금씩 움직이며 읽기 대본 외우기-다른 사람 배역을 대신 읽기 전체 동선과 개인 동선
연기 연습 대사 외우기 동선 연습 최종 대본 수정 역할 수정 무대 꾸미기1	대사를 내가 편한 언어로 고쳐서 외운다. 동선과 시선을 반복해 연습한다. 대본을 수정해 본다. 캐릭터를 바꾸거나 수정해 본다. 무대를 꾸민다.
공연 총연습 편지 쓰기 무대 꾸미기2	호흡과 발성을 수정한다. 동선과 시선을 수정한다. 관객과 배우 소통을 연습한다. 배우들끼리 편지를 교환하며 쌓였던 오해를 풀고 연극 공연을 더욱 잘할 수 있도록 노력한다. 무대를 공연 분위기로 꾸며 본다.

주제	내용
드라이 리허설 드레스 리허설 최종 점검 최종 공연 평가	실제처럼 공연해 보고 수정할 부분을 점검한다. 모든 소품과 의상을 입고 음향감독과 무대감독 모두 실제 공연처럼 연행한다. 공연할 무대를 점검하고 관객을 맞을 준비. 신나게 공연을 한다. 수고한 모두에게 격려와 박수를 보낸다.

악보 모음

먹고싶다

초전초 5학년 윤성혜

거짓말

거제 대우초 6학년 김원지

나영이의 꿈

여나영

내 꿈은 화가 내 꿈은 가수 내 꿈은 시인 뭐가 될까
노 랠 부르 다 목이 아프 면 가 수가 되 도 퇴장할 거 야
시 인 이 되 면 사람들이 웃고 즐 거 워 하 는 시 를 쓸 거 야
노래를 만 드 는 이종일쌤 에 게 더 즐거운 시 를 드리고 싶 어

등산객 여러분께

고암초 4학년 김세빈

안녕하십니까 등산객 여러분 요즘 산불이 자주나고있습 니 다
라이터나 성냥을 자제해주시고 담배도 자제해주 세요
라이터나 담배를 버리지말아 주시 고
버려져있는것 을 발견하면 주워주세 요
행복하고 건강한 등산 바랍니다

잔소리

용문초 손민교

내 옆짝은 옆에서 잔소리 해 국어할때 옆에서 잔소리 해
영어시간 적어라 잔소리 해 입에 잔 소리를 달고산다

손 다 부려져 죽을 것 같다

안동 동부초 4학년 옥은찬

체육시간

울진 노음초 6학년 학생들

신이 난다

상주 백원초 2학년 김수빈

안전한 세상을 위해 애쓰시는 분들

고암초 5학년 김리원

양말 좀 빨래통에 넣어

옥전초 6학년 노경목

잘 들어봐 수현아

유가초 4학년 김지훈

싱크홀

고암초 5학년 김주안

싱 크 홀 싱 크 홀 싱 크 홀 싱 크 홀
싱크홀이생기는이 유 과도한지하수흡 수
아주작은것도있지 만 큰것은너무나커 서
오백미터크기도있 어 떨어지면 죽겠지 싱 크
홀 영화싱 크홀처럼 현실에서일어나 싱 크
홀 영화싱 크홀처럼 너희들집일수도 있 어

학교도 못 가보고

용문초 4학년 김향옥(74세)

<사진 모음>

딸 수아와 함께 영남일보 특집기사 (사진 : 영남일보 박진관기자)

장애통합 한사랑어린이집에서 동요만찬 공연

대구 동요부르는 어른모임 정기공연

해서초에서 진행한 예술로 탐구생활 발표회
노현호 교사, 권혜영 무용가, 장하윤 미술가, 이종일 작곡가, 어린이들

아들 준우와 함께 참여연대 수련회 공연

제주 우도에서 어르신 삶노래만들기 발표회

이종일과 아름나라어린이예술단과 가수 안치환과 공연 후

안동 송천포에서 강강술래 캠프파이어 진행

자유롭게 글을 쓰는 어린이들

경산 시지지역 동요만찬 어린이들과 함께 글쓰기

안전한 세상을 위한 노랫말 시상식 및 창작노래 발표회

어린이들과 지하철 공연

의성 효선분교 어린이들과 공연(경북 쌀체험캠프-교촌농촌체험학교, 사진 : 송종대)

어린이글노래 전시회 공연(동요만찬)

영남중학교에서 글쓰기프로그램 중 빨대피리불기

대구광역시 교육청 초청공연

백혈병소아암협회 초청공연

낙동강 살리기 행사에서 즉석 싸인회

컬링 김은정 선수 올림픽 은메달 마을잔치 축하공연

아이야 너를 노래하렴

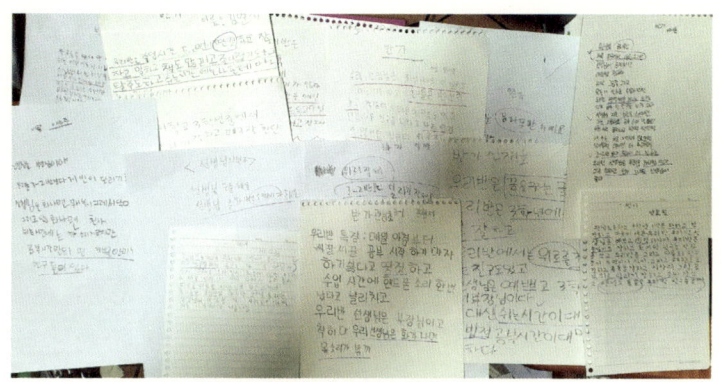
'반가 만들기' 글을 가사화 하는 과정

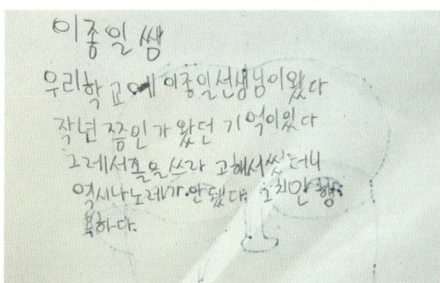
노래를 기대하는 어린이의 글

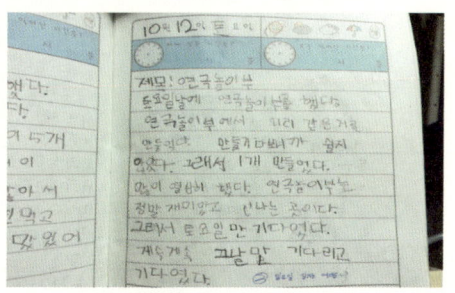
대구 동천초 연극놀이부 어린이의 일기

기쁜마음으로 글쓰기를 하는 어린이의 글

초상화 편지(의성 남부초 어린이)

 마치며

　1991년 '흙'이라는 시를 우연히 만나고 어린이를 위한 노래를 만들기 시작했습니다. 어른의 글과 시가 아닌 어린이들의 말과 글로 노래를 만들고 불렀습니다.

　부지런히 나라 구석구석을 찾아서 어린이들을 만나며 자신만의 자유로운 글쓰기를 하였습니다. 세상에 단 하나밖에 없는 자신만의 노래를 만들어 주며 친구들과 합창을 하였습니다. 친구들이 그들의 글과 말로 만들어진 노래를 함께 부르며 한 아이의 삶을 축복하고 위로하였습니다. 그렇게 그들의 말과 글은 노래가 되어 합창을 하고 공연도 하고 연극과 뮤지컬도 하였습니다.

　이 활동이 인연이 되어 마음이 약하거나 몸이 힘든 친구들도 만나서 글도 쓰고 노래도 하였습니다. 유아들과 만나 말로 노래를 만들어 공연도 하였습니다. 눈이 보이지 않는 시각장애 어른들, 뇌병변 어른들, 인지장애 어른들도 만나 글쓰기와 공연을 하였습니다. 전쟁과 힘든 시기를 거치며 글을 배우지 못하셨던 할머니 할아버지를 만나 생전 처음 쓰신 글로 노래를 만들어 불렀습니다. 쪽방에 사시는 분들과 노숙인 분들도 만나 글을 쓰면서 노래하였습니다.

이렇게 한 걸음 한 걸음 걷다 보니 관심에서 미루어지거나 소외되거나 숨겨지거나 금기시되는 삶들을 저절로 찾아가는 발걸음이 되었습니다.

30년을 어린이의 말과 글로 어린이 스스로 노래하기를 소망하며 노래를 만들다 보니 어느덧 3,000곡이라는 노래를 만들었습니다. 그중에 다행히 기억에서 잊혀지지 않은 노래와 이야기를 책으로 엮었습니다. 어린이 삶의 주인은 어린이임을 잊지 않고 응원하는 어른들과 어린이들을 위해 드립니다.

어린이글노래의 세계로 이끌어주신 고승하 선생님, 어린이운동가이며 환경운동가이신 임성무 선생님, 어린이를 글쓰기의 세계로 예쁘게 인도하시는 윤태규 선생님, 어린이문화연대 이주영 선생님, 이 책의 글을 손 봐주신 이기철 선생님, 심대현 선생님, 정용태 형, 임상원 선생님, 신규용 선생님, 이혁 목사님, 오성준 친구, 이정연 선생님, 사단법인 어린이와 작은도서관협회 이은주 선생님 고맙습니다.

부족한 내 삶을 어린이운동 한길로 가도록 인정하고 이 글을 여러 번 읽고 행복한 충고를 아끼지 않는 착한 아내 손진, 늘 노래의 실험대상이 되었던 딸 이수아, 아들 이준우, 출판에 큰 용기를 부어주신 다락방출판사 김태문 선배님 고맙습니다.

어린이 여러분! 어른과 함께 보아주세요.

어른 여러분! 어린이와 함께 보아주세요. 그리고 함께 불러 보세요.

2024년 6월

이 종 일

저자 약력

전) 대구KBS 열려라동요세상 진행
전) 대구MBC 행복충전 웃고삽시다 리포터
전) 한겨레신문사문화센터 공동체놀이 & 캠프 전담강사(서울)
전) 대구대학교 평생교육원 강사
전) 대구미래대학 레크리에이션스포츠과 외래교수
전) 국가인권위원회 대구인권체험관 운영위원
전) 대구시교육청 놀이활성화연구팀 자문위원

2004　「바람이 되어가자」, 한겨레통일문화재단 올해의 동요에 선정
2006~2008　(사)대구경북분권혁신아카데미 전문위원(지역전통자원개발 운영 및 해설 연구)
2010　보건복지부 '지역사회건강조사결과보고대회' 고혈압·당뇨병 홍보연극 제작
2012　경주APEC(아시아태평양교육장관회의) 다문화뮤지컬 제작, 작곡, 연출
2012~2016　전국가족사랑동요대회 심사위원
2013~2014　서울동요제(이오덕동요제) 작곡 담당
2014　한국출판문화산업진흥원 우수출판콘텐츠 제작지원사업 선정
2016　대구MBC 정오의 희망곡 로고송 제작
2017　국립아시아문화전당 아시아문화원 창제작프로젝트레지던시 크리에이터 국제공모 선정
2018, 2022　국제환경연극제(청송 영덕) 음악감독 및 합창 지도
2018　대구일마이스터고 교가 작곡 제작, 사수중학교 교가 작곡
2018~2019　대구시교육청 교육박물관 가족글쓰기 작곡 지도강사
2019　대구예술발전소 커뮤니티 아트 프로젝트 '도롱뇽의 눈물 나비의꿈' 음악감독
2019　농산어촌이동형문화예술교육 움직이는 예술정거장 경상권역 예술가 선정 (작곡)

2019   경상북도 유아 문화예술교육 지원사업 연구 및 실행(20여 곡 작곡)
2020   장애인 문화예술 지원사업 선정(한국장애인문화예술원)
2009~2021   환경부 국가환경교육지원단 낙동강권역 강사
2017~2023   문체부 문화가 있는 날 경상권 강사
2021   새활용환경 놀잇감 전시 및 체험-김광석 거리
2022   달서구 어린이 날 기념행사 고령군문화원 새활용환경놀이 위탁운영
2022   재외동포청소년모국연수 전담 아티스트(글쓰기, 작곡 ,합창)
        - 김제, 봉화(재외동포재단)
2022   대구교육연수원 새활용환경놀이 연수 및 전시 체험
1995   뮤지컬(노래극 동무동무씨동무) 주연(민예총 대구지부)
1999   대구MBC라디오 어린이노래극(지원이의 하루) 작곡

수상
1999   제14회 한국PD대상 수상
2013   물의날 기념 대구지방환경청장 표창
2014   고용노동부(주최) 한국사회적기업진흥원 소셜벤쳐경연대회 장려상 수상

저서
싱어롱 레크리에이션(아름출판사, 2001),
우리 아이놀이 대장만들기(고래가 숨쉬는 도서관, 2014)
새활용환경놀이(ods출판부, 2022)

음반
〈아이야 너를 노래하렴〉 발매(아토엔터테인먼트, 2020) 디지털음반 웹스트리밍 서비스(지니, 벅스, 멜론, 네이버뮤직, 플로 등 20여 스트리밍사이트 및 APP에 등록
〈이종일1〉(지구레코드)
〈어른을 위한 동요〉
〈그대가 있네, 2018〉 외 다수

아이야
너를 노래하렴

어린이 글·노래 에세이

발행일 : 2024년 7월 15일

지은이 : 이종일

펴낸이 : 김태문

펴낸곳 : 도서출판 다락방

주　소 : 서울시 서대문구 북아현로 16길 7 세방그랜빌 2층

전　화 : 02) 312-2029

팩　스 : 02) 393-8399

홈페이지 : www.darakbang.co.kr

값 18,000원

ISBN 978-89-7858-114-1 73670

* 이 책의 일부 혹은 전체 사진과 내용을 저자와 〈도서출판 다락방〉의 허락 없이 복사·전재 하는 것은 저작권법에 저촉됩니다.

* 파본 및 낙장본은 교환하여 드립니다.